부동산 규제가
심할수록
경매가 답이다

경매 고수 베프옥션이
알려주는 경매투자 A to Z

부동산 규제가
심할수록
경매가
답이다

베프옥션 이성재 지음

센시오

강력한 규제 속에서도
수익을 올릴 방법,
부동산 경매의 노하우를 배운다

현재 우리나라 부동산은 애증의 대상이다. 자고 나면 아파트 시세는 올라 있고, 발만 동동 구르다가 뒤늦게라도 마음먹고 영혼까지 끌어모아 집을 샀는데, 혹시 상투를 잡은 게 아닐까 불안한 이들도 많다.

진짜 문제는 따로 있다. 정부 규제가 너무 강력해서 집을 쉽게 살 수도, 팔 수도 없다는 점이다. 그러다보니 이도 저도 못 하겠다는 불만과 아우성이 곳곳에서 들려온다.

그런데 중요한 사실이 있다. 이렇게 규제가 강한 시대에도 누군가는 많지 않은 돈으로 부동산 투자에 성공해 좋은 수익을 가져갔다는 것이다. 오늘도, 내일도 그런 사람들은 계속 생겨난다. 규제가 강한 시대에도 돈을 버는 부동산 투자, 바로 부동산 경매 시장 이야기다.

온갖 규제를 고스란히 적용받는 일반 부동산 거래는 정상적인 가격을 치르고서 시간을 들여 기다리는 과정을 거친 뒤에 수익을 얻는다. 그에 비해 부동산 경매는 시세보다 항상 저렴하게 사서 처음부터 차액을 확보하는 개념이다. 무엇보다 정부의 강력한 부동산 규제를 피해 갈 다양한 방법과 대상을 포함하고 있다.

그렇다면 어떻게 규제를 피할 수 있을까? 이런 예가 있다. 현재 서울 일부 지역은 토지거래허가구역으로 묶여서 투자가 제한돼 있다. 하지만 부동산 경매로 주택을 낙찰 받는 경우 이 규제를 비껴갈 수 있다. 집값 상승 요인이 잠재된 인기 지역에 진입하기가 좀처럼 어려운 이 시기에, 부동산 경매를 통한다면 훨씬 더 편하게 접근 가능하다는 이야기다.

경매로 낙찰을 받을 때는 실거래신고 의무도 없다. 따라서 일반 거래를 할 때처럼 자금 출처에 대해 소명하지 않아도 된다. 부동산 거래를 할 때 큰 부담으로 작용하는 또 하나의 요인을 경매를 통해 해결할 수 있는 셈이다.

부동산 경매로 낙찰 받은 물건은 전세갱신청구권(임대차3법)에도 해당되지 않는다. 앞선 권리 관계가 모두 소멸되기 때문에 낙찰자는 기존 임차인을 인수하지 않는 한, 전세나 월세를 임의대로 새롭게 진행할 수 있다. 오피스텔을 낙찰 받는 경우에도 일반 매매와는 달리 용도를 주거용에서 상업용으로 변경할 수 있다. 상업용 오피스텔은 보유 주택 수에 들어가지 않으므로 다주택자가 되는 부담을 피할 수 있다.

이처럼 숨 막히는 규제 속에서도 자유롭게 투자를 할 수 있는 방법이 바로 부동산 경매다. 부동산 경매는 현명한 투자자들에게 언제나 '비 맞지 않는 놀이터'가 된다. 규제가 역대 최고로 강화되든, 부동산이 폭락이나 폭등을 하든 부동산 경매 시장은 언제나 돈을 버는 시장이 될 수 있다.

나는 20대 청년 시절부터 부동산 경매에 뛰어들었다. 지금은 부동산 경매 교육업체 베프옥션에서 수많은 회원을 '행복한 부자'로 만들기 위해 교육하고 지원하는 일을 하고 있다.

물론 넉넉한 여유자금을 들고서 투자처를 찾는 분들도 있지만 '종자돈은 1원도 없다'며 방법을 구하는 분, 가진 것은 대출을 잔뜩 낀 집 한 채인 분, 심지어 사업이 망해서 10억 가까운 빚을 떠안은 분도 있었다. 신기한 것은 자금이 넉넉하고 경매 지식이 탄탄하다고 해서 높은 수익을 올리는 것이 결코 아니라는 사실이다. 오히려 맨땅에서부터 시작한 이들 중에 불과 1~2년 뒤에 놀랄 만한 수익을 거두고 경제적 자유를 손에 넣은 분들이 많았다.

이 책에서 그 비결을 공유하고자 한다. 이해를 돕기 위해 다양한 사례를 상세히 소개하고 부동산 경매의 노하우를 녹여냈다. 특히 각종 규제 속에서 더욱 빛나는 부동산 경매의 강점을 설명하는 데 중점을 뒀다.

우리 모두에게 아주 중요한 한 가지 질문을 던져볼까 한다.

"지금 당장 일을 그만두면 어떻게 될까?"

각종 공과금, 생활비, 아이들 학원비, 대출이자 등 한 달에 꼬박꼬박 들어갈 돈이 상당할 텐데 어떻게 감당해야 할까? 우선은 모아놓은 돈으로 생활해야 할까? 사실 생활비 쓰고 대출이자 내느라 모은 돈이 많지 않을 수 있다. 그러면 신용대출을 받을까? 이것도 문제가 있다. 직장을 그만둔 상태라면 대출 자체가 쉽지 않을 것이다. 자, 그럼 어떻게 해야 할까?

주식투자 거장 워런 버핏은 이 질문에 대해 이렇대 답했다.

"잠자는 동안에도 돈이 들어오는 방법을 찾아내지 못한다면 당신은 죽을 때까지 일해야만 할 것이다."

물론 워런 버핏이 말한 방법은 주식 투자를 가리키지만, 부동산 투자 또한 잠자는 동안에도 돈이 들어오는 시스템이라는 점은 같다. 구체적으로는 월세 수입이 될 수도 있고, 전세 및 매매 시세 차익이 될 수도 있다.

직장 수입 하나에 의존하는 위태로운 인생에서 벗어나기 위해서는 본업을 지속하면서 한편으로 투자를 병행해 부를 축적해야 한다. 그럴 때 우리는 부자가 될 수 있으며 자의든 타의든 일을 쉬게 되더라도 돈이 들어오는 시스템이 완성된다.

이 책을 읽은 모든 분이 저마다의 처한 상황에서 조금씩 투자의 보폭을 넓히고 경제적 성장을 해나가게 된다면 더 바랄 것이 없을 듯하다.

여러분의 부동산 경매 투자를 진심으로 환영하며, 경매를 통해 정년 걱정 없이 돈 들어오는 시스템을 스스로 만들어내길 기원한다.

여러분의 부동산 경매 투자 성공을 응원하며

이성재 (베프옥션 경매 멘토)

contents

1부 | 부동산 규제가 심할수록 경매가 답이다

1장 | 지금 당장 부동산 경매를 시작해야 하는 이유

2부 | 딱 한 번만 읽으면 바로 써먹을 수 있는 부동산 경매 A to Z

4장 | 제대로 봐야 돈이 된다, 임장과 시세 조사의 기술

AUCTION IS ANSWER

부동산 규제가 심할수록
경매가 답이다

1장

지금 당장 부동산 경매를
시작해야 하는 이유

남들이 안 가는 길에
수익이 기다리고 있다

"저 오늘 또 하나 들어가요~"
종자돈 3,000만 원으로 2억 수익 거둔 주 여사님 이야기

소문난 잔치는 최대한 빨리 가라

코로나19가 막 유행하던 시기, 세계 각지에서 사람들이 휴지를 사재기 하는 바람에 마트가 텅 빈 모습을 뉴스로 본 적이 있다. 사람들은 왜 당장 급하지도 않은 휴지를 잔뜩 사서 집안에 쌓아놓았을까? 바로 심리적 불안감 때문이다. 다른 사람들이 휴지를 사재기하는 모습을 보면 '나도 사야 하는 거 아니야?' 하는 생각에 불안해지면서 자신도 모르게 동참하게 되는 것이다. 휴지 사재기를 통해 위험에 대처하고 있다는 안도감을 느끼며, 한편으로는 다수에 속했다는 동조 본능(군중심리)을 통해 안정감을 찾는다.

문제는 이런 동조 본능이 늘 긍정적인 결말을 가져오는 것은 아니라는 사실이다. 동조 본능에 따를 때 사람들은 자신의 행동이 사회적 규범에 부합하는지 굳이 따지지 않는다. 다수가 움직인다는 사실 자체가, 사회적 규범에 어긋나더라도 어느 정도 용인된다는 증거라고 해석하기 때문이다.

예를 들어 횡단보도의 신호등이 빨간색일 때 여러 명이 한꺼번에 길을 건너면 덩달아 따라 건너는 사람들을 흔히 볼 수 있다. 주차금지 지역에 불법 주정차를 하는 경우도 마찬가지다. 불법 정차된 차들이 많을수록 마음이 놓여서 나도 슬쩍 동참하게 되는 것이 사람 심리다. 이처럼 다수와 다를 때 우리 뇌는 불안감을 느끼기 때문에 '다수가 하는 것'을 '반드시 해야 하는 것'과 혼동하기 쉽다.

부동산 투자도 마찬가지다. 연일 언론에서 부동산 가격이 급상승하고 있다는 뉴스가 쏟아지면 부동산에 관심 없던 사람들도 절로 혹하게 된다. 주변에서 부동산으로 돈 벌었다는 얘기가 들리면 나만 뒤처진 것 같아 마음이 급해지고, 누가 부동산으로 손해 봤다는 얘기가 들리면 '아서라' 하며 멀찌감치 발을 뺀다. 하지만 이래선 제대로 된 수익을 얻을 수 없다.

물건은 사겠다는 사람이 많으면 가격이 올라가고, 사겠다는 사람이 없으면 가격이 내려가는 게 당연한 이치다. 그럼에도 대다수 투자자들은 이 당연한 이치와 정반대로 행동한다. 사람들이 몰릴 때 따라서 비싸게 사고, 사람들이 주춤할 때 겁을 먹고 싼 값에 내놓는다. 싸게 사서 비쌀 때 팔아야 하는데, 비쌀 때 사서 쌀 때 파는 우를 범하는 것이다. 그러므로 진정한 투자는 다수와 반대의 길로 가는 것부터 시작이라는 것을 기억하라.

조정이 오든, 규제가 강화되든, 부동산이 폭락이나 폭등을 하든 변하지 않는 한 가지 사실이 있다. 삶을 살아가는 데 집이라는 것은 꼭 필요하며, 그렇기에 수요는 절대 끊지 않는다는 것이다. 꼭 매매가 아닐지라도 전세 수요라도 반드시 존재한다.

그 사실을 아는 고수는 부동산 값이 오르기 전에 미리 사두고 상승을 즐기지만, 그렇지 못한 사람들은 시장이 한껏 달아오른 뒤에야 매수를 한다. 안타깝지만 이런 현상은 매번 반복된다.

'소문난 잔치에 먹을 것 없다'는 속담이 있다. 생각해보면 잔치가 소문 나서 먹을 것이 없는 게 아니라 너무 늦게 가서 음식이 동났을 뿐이다. 그러니 소문난 잔치는 되도록 빨리 가라고 말하고 싶다. 동네 사람들 입에서 입으로 전해져서 '최 진사 댁 오늘 잔치한대'라는 소문이 내 귀에까지 들려올 때쯤이면 이미 잔치는 마무리를 향해 갈지도 모른다.

진정한 프로는 먼저 가서 배부르게 먹고 사람들이 몰릴 때쯤 여유 있게 빠져나온다. 그러기 위해선 소식을 빨리 들을 수 있도록 눈과 귀를 열어둬야 한다.

55세 주 여사님의 부동산 경매 도전기

나는 부동산 경매 교육업체 '베프옥션'에서 '멘토' 역할을 맡고 있다. 수많은 교육생들을 도와서, 부동산 경매라는 수단으로 원하는 수익에 도달하도록 이끄는 것이 나의 일이다. 4년 남짓한 시간 동안 500명 가까운 교육생들이 부동산 경매 낙찰을 받는 데 성공했고, 지금도 계속해서 '행복한 부자'의 길을 향해 나아가고 있다.

그들 중 여건이 되고 자금이 풍족해서 부동산 경매를 시작한 경우는 생각보다 많지 않다. 얼마 전 우리를 찾아왔던 55세의 회원, 주 여사님도 마찬가지였다.

작은 옷가게를 하던 여 사장님이었는데, 추운 겨울날 손수 담근 과일 청을 들고서 우리 사무실 문을 두드렸다. 단정하고 우아한 인상의 주 여사님은 미소 띤 얼굴로 본인의 상황을 담담하게 털어놓았다.

"내가 지금 가진 돈이 3,000만 원뿐이에요. 이걸로도 경매를 할 수 있을까요? 지금 하고 있는 옷가게는 너무 장사가 안 돼서 접어야 하나 고민 중이거든요."

주 여사님은 그렇게 반신반의로 부동산 경매 공부를 시작했다. 처음 낙찰을 시도한 물건은 서울의 한 빌라였다.

7호선 공릉역에서 멀지 않은 곳에 위치했고 근처에 학교도 있어 수요가 확실한 물건이었다. 지은 지 18년가량 되었지만 외관이 깨끗하고 세련되어 보였다. 일단 오래된 빨간 벽돌집이 아니었고, 큼직한 연회색 벽돌 마감이 전체적으로 환하고 깔끔한 느낌을 주었다. 건물 1

경매 2019타경108053

서울북부지방법원 본원 9계(02-910-3679)

다세대(빌라) 토지·건물 일괄매각

매각기일 **2020.05.11 월(10:00)**

서울특별시 노원구 공릉동 506-4, 신화리치빌 3층 302호 전자지도 도로명주소검색

(도로명주소: 서울특별시 노원구 동일로184길 57-8)

전용면적	66.24㎡ (20평)	소유자	▦▦	감정가	220,000,000
대지권	33.49㎡ (10.1평)	채무자	▦▦	최저가	(80%) 176,000,000
개시결정	2019-10-16 (임의경매)	채권자	(주)사인캐피탈대부	보증금	(10%) 17,600,000

전체보기 ▼

오늘: 1 누적: 289 평균(2주): 0

구분	입찰기일	최저매각가격	결과
1차	2020-02-24	220,000,000원	유찰

부동산 경매정보지에 올라온 해당 물건 내용

층을 주차 공간으로 넉넉히 빼서 주차 걱정도 없었다. 빌라의 경우는 아파트처럼 장기수선충당금으로 운영을 하는 것이 아니기에, 주민들 간의 화합이 관리 상태에 무엇보다 큰 영향을 미치는데 이 물건은 관리 상태가 상당히 양호했다.

괜찮은 물건이니만큼 많은 사람들이 관심을 보였고 모두 열다섯 명이 경매에 참여했다. 결과적으로 주 여사님은 2억 1,999만 원에 이 물건을 낙찰 받는 데 성공했다. 2등이 써냈던 가격과는 1,700만 원 정도로, 꽤 큰 차이가 났다.

아마 당시 떨어진 열네 명은 '무슨 빌라를 저렇게 높은 가격에 낙찰

해당 물건의 외관 모습

1부 | 부동산 규제가 심할수록 경매가 답이다

받아.' 했을지도 모른다. 하지만 결과부터 말하자면, 여사님은 이 집을 불과 4개월 후 3억에 매도하여 상당한 차익을 거두었다.

잘 몰라도, 자금이 부족해도 할 수 있다

여기서 잠시 생각해볼 것이 있다. 이 회원이 경매에 박식해서 성공을 거둔 것일까? 물론 우리와 함께 부동산 경매 공부를 열심히 했지만, 남들에 비해 깊게 많이 안다고는 결코 말할 수 없다. 그저 자신이 아는 선에서 한 걸음 한 걸음 배워나가며, 모르면 물어봐 가면서 실천했을 뿐이다.

주 여사님이 이런 이야기를 한 적이 있다.

"나는 그냥 이 정도만 알아도 돼요. 남들처럼 100만 원, 1,000만 원 더 남기려고 경쟁하지 않고 그냥 확실한 것만 받아서 2,000만 원이라도 벌 거예요. 권리분석 잘 몰라도 안전한 것만 들어갈래요."

부동산 경매를 하기 위해 모르는 것 없는 경매 박사가 될 필요는 없다. 전문가의 지식과 도움은 언제든 빌릴 수 있기 때문이다. 본인이 아는 범위 내에서 최선을 다하는 것이 방법이다.

사실 나는 부동산 경매를 할 때 권리분석을 더 깊이 들어가 미상인 것, 남들이 좀처럼 주목하지 않는 물건을 공략하는 편이다. 하지만 이분은 섣불리 그런 방법을 시도하지 않는다. 주 여사님은 본인의 장점과 단점을 잘 파악하여, 본인만의 깔끔하고 안전한 전략을 구사한다.

여사님이 네 번째 물건을 낙찰 받았을 때는 자신감이 붙어서 우리와 상의도 없이 법원부터 찾았다. 우연히 법원에서 여사님을 마주치고는 놀라서 "어, 회원님 어쩐 일이세요?" 하고 물었더니 쑥스럽게 웃으며 "아유, 저 오늘 하나 들어가려고요~" 하고 대답했다.

"이젠 고수가 다 되셔서 우리한테 이야기도 안 하시네. 뭐 들어가시려고요?"

안전한 물건인지 확인을 해보았더니 권리분석상 조금 까다로운 부분이 있었는데, 이미 올바로 해석하고 판단을 내린 상태였다. 큰 문제가 없는 괜찮은 물건이기에 많이 칭찬해드렸다.

그럼, 또 생각해보자. 이 회원은 노년을 대비해야 할 시기에 여유자금이 넉넉해서 부동산 경매를 시작했을까? 물론 그렇지 않다. 앞서 이야기했지만 종자돈은 3,000만 원이 전부였다.

첫 번째 낙찰에 성공한 후 주 여사님은 바로 두 번째 세 번째 물건을 진행했다. 그 과정에서 자금이 모자라자 친언니에게 경매에 대해 상세히 설명하고 돈을 빌려달라는 이야기를 꺼냈다. 선입견이 있던 언니는 처음엔 거절했다. 그런데 시간이 지나면서 동생의 투자가 성과를 보이자 어느 순간 온 가족이 적극적인 지원자로 돌아섰다.

지금은 가족 모두가 힘을 합쳐 함께 투자를 하고 있다. 좋은 물건이 나오면 자금을 모아서 투자하고, 매도하여 수익을 얻고, 재개발 가능성 있는 똘똘한 물건은 전세를 놓기도 한다. 조카들은 어릴 때부터 그 과정을 지켜보았기에 말 그대로 살아 있는 경제 공부를 하는 셈이다. 지금도 많은 관심을 가지고 부동산 경매 공부를 하며 틈틈이 참여하는 중이라 한다. 아직 젊은 조카들에게는 이 경험이 훗날 얼마나 큰 자산이 될까 싶다.

그런 의미에서 나는 이 과정을 가족 간의 '화목한 공부'라고 부르고 싶다.

규제가 심해도 방법은 반드시 있다

이쯤에서 이렇게 불쑥 말을 던지는 이들이 있을 것이다.

"그것도 70~80퍼센트 대출이 나오던 좋은 시절 이야기지. 지금은 규제가 심해서 절대로 그렇게 못해."

주 여사님이 첫 번째 물건을 낙찰 받았을 때는 물론 그랬다. 하지만 두 번째부터는 규제가 심해져서 40퍼센트 대출밖에 받지 못했다. 그래도 속도를 늦추거나 멈추지 않았다. 얼마 전 전화통화를 할 때 여사님은 특유의 '심플한' 어조로 이렇게 이야기했다.

"규제가 그렇게 심하다면서요? 그런데 취득세, 양도세 내도 돈이 남으면 되는 거 아니에요? 50퍼센트 내도 50퍼센트 남으면 되는 거지 뭐. 생각해봐요. 내가 뭘 해서 1년 반 만에 2억 가량의 돈을 벌 수 있겠어요?"

실제로 주 여사님은 1년 반이라는 짧은 기간 동안 무려 네 건을 낙찰 받았다. 현재 한 건은 계약 직전이고, 또 한 건은 계약이 완료되었다. 젊은 사람들도 한두 건 낙찰에 만족하고 안주하는 경우가 흔한데 이분은 멈출 생각이 없다.

그러니 '옛날이니까 가능하지'라는 생각은 접어두자. 부정적인 생각은 사람을 복잡하게 만든다. 새로운 시도를 향해 나아가려 할 때마다 그 부정적인 생각들이 무겁게 발목을 잡는다. 긍정적인 마인드가 사람을 시도하게 만들고, 앞으로 나아가는 발걸음을 가볍게 만든다.

더 이상 장비 탓을 하지 말자. 규제가 심해도 방법은 있다. 아니, 규제가 심할수록 방법을 찾아야만 한다.

투자 길이 막힌 때일수록
경매 길로 가야 한다

내 돈 10원도 묶이지 않고 월 95만 원 순수익, 이 시국의 현명한 투자법

'어느 지역이 오를까'보다 더 중요한 질문

역대 가장 강력한 부동산 규제가 쏟아지고 있다. 나날이 급등하는 부동산 시장을 바라보며 발만 동동 구르다가 뒤늦게라도 뛰어들어야겠다고 마음먹은 이들이 많을 것이다. 그런데 이제는 정부의 규제가 너무 강력해져서 집을 쉽게 살 수도, 팔 수도 없다. 이도저도 못하겠다는 불만과 아우성이 곳곳에서 들려온다.

여기서 중요한 사실이 있다. 바로 어제도, 누군가는 많지 않은 돈으로 부동산에 투자하여 충분히 좋은 수익을 가져갔다. 오늘도, 내일도 그런 사람들은 계속 생겨날 것이다. 눈을 조금만 돌리면 나도 얼마든 그 경우가 될 수 있다.

실상 대한민국의 모든 부동산 규제는 주택에 관한 것이다. 다음은 어느 지역이 오를 것인가, 어느 아파트가 좋을까 하는 질문에만 매달리는 건 지금 상황에서는 현실적이지 않다. 조금만 시선을 돌리면 규제와 관계없이 돈을 벌 수 있는 방법들이 너무도 많다. 토지, 상가, 창고, 공장, 아파트형 공장. 모두 규제와 상관없이 물건에 따라서는 90퍼센트까지도 대출을 받을 수 있다.

우리 교육생들 중에는 은행이 직장인 분들도 있고, 그중에서도 대부계에 소속된 경우도 있다. 그런데 재미있게도 이런 분들조차 대출 시장이 이렇게 열려 있다는 사실을 알고는 놀라곤 한다.

사실 대부분의 사람들이 경험한 부동산은 곧 주택이기 때문에 그쪽으로만 시선이 가는 것은 어쩔 수 없다. 나 역시 그런 시기를 겪었다. 하지만 하나하나 단계를 거쳐 다양한 물건을 경험하면서 보폭을 넓히고 성장을 해나가게 된다. 그 공부를 마치고 나면 부동산 경매 시장은 그야말로 거칠 것 없는 놀이터가 된다. 경험이 없고 확신이 없으면 기회가 찾아와도 보이지 않는 법이다. 그 기회는 더 열린 시선을 가진 누군가에게 고스란히 돌아갈 것이다.

최근 우리 회원 가운데도 최소한의 자금으로 똘똘한 상가 한 채를 낙찰 받은 사례가 있어 소개하려 한다.

아무도 몰라봤던 '진국' 물건

이 물건은 경상남도 창원시 진해구의 상가 내 한 호실이다. 아마 대부분의 사람들은 검색조차 해보지 않을 법한 지역일 것이다. 하지만 수도권 상가만 선호하는 것은 이제 철지난 이야기가 되었다. 상권이 별로 없던 시절에는 수도권 상가가 절대적으로 유리했지만 요즘은 신도시 개발로 인구수에 비해 상가가 넘치기 때문에 공실이 많다. 그만큼 수도권은 인구도 많지만 한편으로 위험이 따를 수 있다.

그런 점에서 사람들이 주목하지 않아 1회 유찰까지 되었던 이 물건은 알아볼수록 '진국'이었다.

부동산 경매정보지에 올라온 해당 물건 내용

일단 입지가 뛰어났다. 상가는 꼭 새 건물이 아니어도 입지와 환경만 좋으면 충분히 승산이 있는데 이 물건의 경우 널찍하고 층도 높은 새 건물이다. 주변 상가들이 모두 낮고 작은 건물이기에 충분히 메인 상가로 자리매김할 수 있다고 보였다.

현재 임차인이 있다는 사실도 매력적이었다. 전체 128제곱미터 가운데 66제곱미터에 음악 학원이 입점되어 있었다. 그러니까 남은 절반의 평수에는 임대를 더 놓을 수 있다는 이야기다. 이 세입자는 재계약까지 맺은 상태여서 낙찰 후 명도나 세놓는 일을 걱정할 필요가 없었다. 세입자는 지금껏 보증금 3,000만 원에 월세 70만 원을 내고 있었지만, 세입자 상황을 배려하여 2,000만 원에 70만 원으로 보증금을 맞추어주기로 했다.

상가를 매입할 때는 임차인이 향후 계속해서 안정적으로 사업을 운영하고 재계약을 해나갈 것인지 확인하는 작업이 아주 중요하다. 그렇기에 지금 당장 월세를 얼마나 받을 수 있느냐보다도, 앞으로 장사가 잘될 만한 입지와 환경인지를 반드시 따져보아야 한다.

상가 건물 외부와 매장의 모습

이 상가 건물은 사거리 교차로의 모서리 자리에 위치해 있다. 부동산 경매를 몇 년 해본 이들이라면 아마 지도만 보아도 아주 괜찮은 입지라는 사실을 알 수 있을 것이다. 근처에는 대단지 아파트들과 초등학교가 보인다. 재미있게도 지도상으로는 인근 부지가 상업지역으로 표시되어 있지만 실제로는 아파트가 들어서 있다. 주변 인구는 모두 7,000세대이며, 상권은 오로지 이곳에만 형성되어 있다.

지도를 조금 더 자세히 들여다보면 또 다른 이점이 드러난다. 일반 지도에서는 숲으로 표기되어 있는 인근 부지를 구글지도로 변환해보면 해군 관련 부지가 조성되어 있다는 걸 알 수 있다. 위아래 동네에는 군인 가족들이 상당수 사는 것으로 보인다. 다시 말해, 주변의 7,000세대들 가운데 젊은 가족이 많다고 생각할 수 있다. 상가에서 학원을 운영하기에는 안성맞춤인 조건이다. 실제로 이 상가에는 다양한 학원들과 의원들이 많이 입주해 있었다.

사실 이 지역은 상권 자체가 생긴 지 얼마 안 되었다. 이 건물 부지의 5년 전 로드뷰를 클릭해보면 5년 사이 얼마나 큰 변화가 일어났는지 한눈에 보인다.

당시 사진을 보면 휑한 부지에 공업사 한 채가 덜렁 지어져 있고 주변에는 오래된 빌라 한 동이 전부다. 이후 아파트가 빠르게 들어서고 인구 밀도가 높아지면서 상권에 대한 압박이 자연히 커졌을 것이다. 상가 부지를 선정하는 과정에서 한때 주거 지역이었던 곳에 길이 놓이고 갑자기 상업 지역으로 바뀐 것이다.

휑한 공업사 부지가 5년 만에 높은 빌딩이 들어선 번화가로 변신한 모습.
아래 사진의 오른쪽 건물이 해당 상가다

아마도 진짜 승자는 건물 값 얼마 안 되는 그 공업사 부지를 매입한 사람이 아닐까 싶다. 그 부지가 어느 순간 상업 지역이 되어 높다란 건물을 지은 그 사람은 지금쯤 속으로 쾌재를 부르고 있을 것이다.

여기서 하고 싶은 말은 '내 눈앞에 보이는 게 다가 아니다'라는 것이다. 5년 후, 10년 후 그림을 그릴 줄 알아야 부자가 될 수 있다. 돈은 그렇게 버는 것이다.

요즘 같은 때, 수지 맞는 장사를 원한다면

결론으로 넘어가면, 우리 회원은 해당 상가 호실을 2억 2,677만 7,700원에 낙찰 받았다. 1회 유찰로 단독 입찰한 상황이었는데, 만약 유찰이 한 번만 더 되었더라면 많은 사람들이 몰려서 경쟁이 심해졌을 것이다.

대출은 90퍼센트가 진행되었다. 지금 같은 때에 대출 90퍼센트라니, 참 매력적인 조건이 아닐 수 없다. 나는 바로 이 때문에 부동산 경매를 해야 한다고 생각한다. 일반 거래로 상가를 구입하는 경우 순수 대출은 잘해야 60퍼센트 정도밖에 나오지 않는다. 이 회원의 경우 낙찰가 중 2억 400만 원이 대출이었고, 본인은 겨우 2,300만 원만 부담했다. 여기에 취등록세 4.6퍼센트, 법무비 5퍼센트까지 계산하면 대략 3,500만 원의 자금이 들었다는 계산이 나온다.

그럼 순수익은 어떻게 될까? 2억 400만 원에 대한 대출이자는 2.6퍼센트였으니 월 이자로 계산하면 44만 2,000원꼴이다. 월세 70만 원에서 이자를 제해도 25만 8,000원이 남는다. 게다가 현재는 공실로 있는 옆자리도 조만간 세가 빠질 것이다. 입지와 인근 세대수를 생각하면 공실 상태가 오래가지는 않을 것으로 보인다. 설령 세입자를 찾지 못한다 해도 방법이 있다. 이 회원은 마침 아내가 미술 선생님이다. 학원이 몰린 상가 건물, 음악학원 옆자리의 미술학원은 꼬마 손님들을 맞기에 안성맞춤 아닌가. 참 괜찮은 출구전략이다.

이 회원의 처음 자금은 3,500만 원이었다. 여기서 음악학원 보증금 2,000만 원을 제하면 1,500만 원이 묶이는 셈이다. 만약 옆자리에 새로운 세입자가 들어와 보증금 2,000만 원을 더 확보한다면 오히려 500만 원이 남는다. 여기에 월세로 얻는 순수익은 월 이자를 제해도 95만 원이다. 이 정도면 충분히 수지 맞는 장사라 할 만하다.

수도권만이 아닌 전국 곳곳에는 위의 상가처럼 숨겨진 알짜들이 즐비하다. 내가 회원들에게 전국의 부동산 경매 물건을 전수 조사하라고 조언하는 것도 이 때문이다. 다시 말하지만 경매 시장은 부동산 폭락이 와도 규제가 심해도 비를 맞지 않는, 그야말로 신나는 놀이터다.

대출 규제를 피해 370평 땅의 주인이 되다

부동산 규제를 비껴간 또 다른 현명한 투자 사례를 소개해본다.

이 물건은 경상남도 거제시의 토지다. 사진의 도로 오른편에 형성되어 있는 전이 바로 해당 필지다. 눈에 띄는 것은 전망 좋은 바다 뷰를 머금고 있다는 점이다.

땅이 너무 가파르면 건축 행위가 제한되는 경우도 있는데 이곳은 야트막한 경사가 살짝 져 있어서 문제가 없고, 오히려 평지보다도 바다 뷰를 감상하기에는 더 적합한 구조로 보인다. 또한 계획관리지역에 속해서 건물을 짓고자 할 때 건폐율과 용적률이 좋다는 것도 장점이다. 369평이나 되는 넓은 땅이어서 기본적으로 건축 행위를 할 때

해당 필지의 전경

큰 제약이 없다.

애초에 전 주인이 도로와 연결되게끔 이 땅을 매입, 혹은 처분한 것으로 보이는데 그것이 탁월한 선택이었다. 연결된 도로 덕분에 뒤쪽 맹지의 가치가 높아졌고, 이곳에도 무언가 건물을 지을 수 있게 되었다. 실제 건축 행위가 가능한가의 여부는 지역마다 조례가 다르기 때문에 반드시 담당 부서에 확인을 해야 한다.

경매 2019타경7879

경상남도 거제시 사등면 창호리 40-1 외 2필지

창원지방법원 통영지원 5계(055-640-8599)

매각기일 **2020.10.08 목(10:00)**

농지	토지 매각				

토지면적	1221㎡ (369.4평)	소유자	▓▓▓▓▓▓▓▓	감정가	319,333,000
건물면적		채무자	▓▓	최저가	(49%) 156,473,000
개시결정	2019-06-11 (임의경매)	채권자	사등농협	보증금	(10%) 15,650,000

오늘: 2 누적: 75 평균(2주): 2

구분	입찰기일	최저매각가격	결과
1차	2020-06-18	319,333,000원	유찰
3차	2020-10-08	156,473,000원	

낙찰 203,000,000원 (63.57%)

(입찰3명,낙찰 배○○ /
차순위금액 186,000,000원)

매각결정기일 2020.10.15

부동산 경매정보지에 올라온 해당 물건 내용

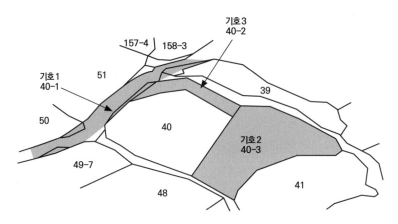

도로 지분에 대한 필지를 분할해서 뒤쪽 땅의 가치를 높였다

시세 조사 결과 3억 이상 예상되는 이 필지를 우리 회원이 2억 300만 원에 낙찰 받았다. 물론 이 상태 그대로 웃돈을 받고 팔아도 적지 않은 수익이 나겠지만, 그보다는 땅에 토목공사를 해서 수로를 만들고 도로도 정돈하여 차량 진입이 가능하도록 한다면 훨씬 더 높은 가치를 인정받을 수 있을 듯하다. 한마디로, 남들이 보기에 '저 땅에 무언가를 짓고 싶다'라는 마음이 생기도록 단장하는 작업이 필요해 보인다. 369평을 한꺼번에 팔지 말고 두 개 동, 가능하다면 세 개 동까지 분할하여 판다면 가치는 훨씬 더 상승할 것이다.

낙찰 받은 금액은 2억 300만 원이지만, 실제로 우리 회원이 부담한 금액은 취등록세 포함 5,000만 원 남짓이었다. 토지는 주택과 달리 대출 규제가 심하지 않아서, 적절한 경로를 이용하면 대출이 80퍼센트까지 가능했기 때문이다. 간단히만 계산해도 5,000만 원으로 최하 1억 원을 번 셈이다. 앞서 설명했듯이 얼마나 공을 들이느냐에 따라 이 땅의 가치는 앞으로 더 상승할 것이다.

이 토지를 낙찰 받은 회원은 40대의 가장이었다. 아내 분이 부동산 경매를 반대하는 바람에 경매를 시작하기까지 몇 년을 설득했고, 드디어 부부 간에 뜻을 모아서 두 사람이 함께 부동산 경매 공부를 시작했다고 한다. 그런데 안타깝게도 아내 분이 갑작스러운 사고로 급하게 세상을 떠나고 말았다. 한동안 망연자실한 시간을 보내다 이대로는 안 되겠다 싶어 우리를 찾아온 터였다.

아내와 함께 노력해서 얻고자 했던 성과를 혼자서라도 멋지게 이뤄내어 하늘에 있는 아내에게 보여주고 싶다고 했던 그분의 말대로, 생각보다 빠른 시간 내에 좋은 결과물을 얻게 되었다.

이분 역시 숙련된 고수여서 좋은 물건을 빨리 낙찰 받은 것은 아니다. 오히려 잘 알지 못하는 상황이었기에 물건 검색도, 시세 조사도 남들보다 더 부지런히 했고 하루에도 여러 번 나에게 전화를 걸어 조사 결과를 피드백 받을 정도로 결의가 넘치던 분이다.

부동산 경매 시장은 어떤 상황에서도 '벌 수 있는 시장'임을 다시 강조하고 싶다. 내가 규제 탓을 하며 머뭇거리고 우왕좌왕하는 사이에도 생각을 실천으로 옮긴 이들은 어떻게든 방법을 찾아내고 목표를 이뤄가고 있음을 기억하라.

건폐율, 용적률이란?

건폐율이란, 건축을 진행할 수 있는 1층의 너비를 말한다. 건폐율이 높을수록 동일한 대지 면적에 평수가 더 큰 건물을 건축할 수 있다고 보면 된다.

용적률이란, 기본 대지 면적에 대해 건축물의 각 층 바닥 면적을 모두 더한 비율을 뜻한다. 용적률이 높을수록 층수가 높아진다고 볼 수 있다.

계획관리지역은 건폐율이 40퍼센트, 용적률은 100퍼센트로 도시 지역을 제외하고는 토지에서 가장 많은 개발이 허용되는 곳이어서 투자자들의 선호도가 높다.

부동산 경기가 좋지 않을수록
경매를 해야 하는 이유

불황기에 부동산 경매를 해야 하는 이유

불황기에 부동산 경매를 해야 하는 이유

경매 시장도 부동산 시장의 일부이기 때문에 전체 부동산 경기에 절대적인 영향을 받는다. 부동산 경기가 좋으면 거래가 활발해지고 부동산 가격과 수익률이 올라가니 채무자는 부동산을 팔아서 현금을 보유할 수 있다. 또한 대출 상환도 잘되어 채권자의 경매 신청이 줄어들게 된다.

반면 부동산 경기가 위축되면 부동산 가격과 수익률이 떨어지기 때문에 부동산이 잘 팔리지 않고 채무자는 빚을 갚지 못해 채권자의 경매 신청이 늘어난다.

즉, 부동산 경기가 좋을 때는 경매 물건이 줄어드는 반면 경매 법정에는 낙찰 받으려는 사람이 넘쳐나 입찰 가격이 올라가고 경매를 통해 얻는 수익의 폭이 자연히 줄어들게 된다. 반대로 부동산 시장이 불황이면 경매 물건은 급격히 증가하는데 얼어붙은 경기에 낙찰 받으려는 사람이 줄어드니 저가에 매수할 수 있는 기회가 된다.

다시 말해, 경매는 부동산 시장의 침체기에 하는 것이 오히려 유리할 수 있다. 이때 저가에 낙찰 받은 부동산은 단기 매매하지 말고 보유하는 전략을 쓰는 편이 바람직하다.

부동산 경기는 파동을 그리며 나아간다. 즉, 지속적으로 상승하지도 지속적으로 하락하지도 않는다. 부동산 경기와 국가 경제는 떼려야 뗄 수 없는 관계이므로 부동산 흐름에 따라 정부는 부동산 완화 정책을 쓰기도, 혹은 억제 정책을 쓰기도 한다. 그렇기 때문에 불황기 때 저가에 매수한 부동산을 경기 회복 시점에 높은 값에 팔아 시세 차익을 두둑이 챙기는 것이다.

물론 호황기에도 나름의 장점이 있다. 비싼 값에 낙찰을 받았다 하더라도 수요자가 몰리니 가격 상승을 기대할 수 있다. 결과적으로 부동산 경기가 호황이든 불황이든, 경매는 일반적인 매물보다 더 저렴하게 구입하여 수익을 확보할 수 있다는 것이 큰 장점이다.

부동산 경매, 이래서 일반 매매보다 매력적이다

규제가 삼엄할 때도, 부동산 경기가 하락할 때도 경매를 해야 하는 이유를 간략히 설명하면 이렇다.

1. 시세보다 싼 가격

부동산 경매는 1회 유찰될 때마다 최저매각가격보다 20~30퍼센트씩 감액되므로 상황에 따라 시세보다 훨씬 낮은 가격에 부동산을 취득할 수 있다.

2. 다양한 부동산 경매 품목

부동산 경매가 다루는 종목은 아파트뿐 아니라 주택, 상가, 임야, 농지 등 다양하며 매일 새로운 물건들이 경매로 나오기 때문에 선택의 기회와 폭이 넓다.

3. 매수(입찰) 절차가 간편하고 안전함

부동산 경매 입찰 절차는 기일입찰표에 주소, 성명, 입찰 금액을 기재한 뒤 입찰 보증금과 함께 입찰함에 넣기만 하면 된다. 구비 사항도 매수신청보증금(보통 최저매각가격의 10퍼센트)과 도장, 신분증이 전부다. 마음만 먹는다면 초보자도 바로 참여할 수 있다.

4. 매도자의 변심 걱정이 없음

일반 매매의 경우 매수를 고민하는 사이 다른 사람이 먼저 가로채기도 하고, 막상 계약하러 갔는데 매도자의 변심으로 계약이 성사되지 않는 경우도 흔하다. 부동산 경매는 이런 걱정 없이 매각 기일에 해당 물건에 입찰하면 된다(다만, 채권액이 적은 경우 입찰 시작 전 채무자의 채권액 변제로 인해 경매가 취하될 수는 있다).

5. 법원의 권리 관계 정리

낙찰 이후 매각 대금을 완납하고 등기 이전에 필요한 서류 등을 첨부해 경매 법원에 제출하면 법원에서 소유권이전등기를 촉탁해준다. 부동산에 설정된 각종 근저당권, 가압류 등 권리 관계를 순위와 담보 액수에 관계없이 말소해주기 때문에 권리 관계가 깨끗해진다(단, 말소기준등기보다 우선하는 권리는 인수되니 유의해야 한다).

6. 토지거래허가 미적용

투기적 거래가 성행하는 지역과 지가가 급격히 오른 지역은 국토부장관이 토지거래허가구역으로 지정한다. 토지거래허가구역 내에서 일정 면적 이상 토지를 취득할 경우 시·군·구청장의 토지거래허가를 받아야 하지만 경매를 통해 구입하는 경우에는 면적이 아무리 커도 토지거래허가를 받을 필요가 없다. 때문에 전국 소재 어느 토지든 제약 없이 자유롭게 취득할 수 있다(단, 농지의 경우 농지취득자격증명을 발급받아 매각허가 결정 기일까지 제출해야 한다).

경매의 매력은
소액으로 할 수 있다는 것

주식 빚만 1억 5,000만 원인 아이 아빠,
월세 받는 집주인 되다

만약 부동산 경매 제도가 없다면

부동산 투자를 처음 시작하는 초보 투자자들은 경매에 선입견을 갖는 경우가 많다. '부동산 경매는 왠지 꺼림칙하다', '경매는 성격이 드센 사람들이 하는 분야다', '남의 눈에 눈물 흘리게 하는 게 경매다'. 하지만 부동산 경매는 꺼림칙한 물건도 아니고, 남의 눈에 눈물 흘리게 하는 일은 더더욱 아니다.

만약 부동산 경매 제도가 없다면 소유자(채무자)에게 더 도움이 될까? 꼭 그렇지도 않다.

물론 경매를 당하면 정신적으로 큰 타격을 입겠지만 어떤 측면에서는 궁지에 몰린 현재 상황을 외부 요인에 의해 강제적으로 '리셋'하는 효과가 일어나기도 한다. 일단 채권자들에게 더 이상 시달리지 않으며, 본인의 경제 상황을 관계된 사람들에게 투명하게 열어 보일 수 있다.

어떤 이들은 투자 측면에서 일부러 '경매를 당하는' 경우도 있다. 예를 들어 아주 외진 곳에 땅을 샀다고 해보자. 시세가 2억인데 입지가 나쁘다 보니 5,000만 원에 아주 저렴하게 매입했다. 시가보다 한참 싸게 샀다는 기쁨도 잠시, 1년이 지나도록 땅이 팔릴 기미가 안 보인다. 1억 5,000, 1억까지 값을 내렸는데도 감감무소식이다. 동네 부동산도 시큰둥할 뿐, 적극성이라고는 찾아볼 수 없다.

이럴 때 경매 절차를 밟고 나면 이 물건은 자동적으로 전국에 광고가 된다. 시세 대비 저렴한 가격을 보고 흥미를 보이는 사람들도 생길 수 있다. 이렇게 투자자 입장에서는 경매가 괜찮은 출구 전략이 되기도 한다. 혹시 생각보다 너무 싸게 낙찰되었다면 2주 안에 이의신청을 통해 경매를 취소할 수도 있기 때문에 잃을 것 없는 방법이다.

부동산을 구입하는 편에서 생각해보면 어떨까? 경매 제도가 없다면 대출을 받아 부동산을 구입하는 것은 매우 어려운 일이 된다. 왜 그럴까? 돈이라는 것이 지금은 갚겠노라 장담하며 빌려가더라도 훗날 피치 못할 상황으로 못 갚게 될 수가 있다. 그러니 돈을 빌려주는 채권자는 뭔가 대비책이 있어야 안심할 수 있을 것이다.

경매 제도하에서 은행(채권자)은 최후의 방법으로 해당 주택을 경매 신청함으로써 채권을 회수할 수 있다. 만약 경매 제도가 없다면 채무자가 변제할 때까지 하염없이 기다려야 할 것이다. 그런 상황이 예상된다면 당연히 은행은 위험을 무릅쓰면서까지 대출을 해주려 하지 않을 것이다.

대출이 안 되니 사람들은 무조건 현금을 주고 집을 살 수밖에 없게 된다. 현금을 동원할 수 있는 자산가들만 집을 살 수 있고, 현금을 많이 보유하지 못한 서민들은 집을 사지 못하거나, 형편에 맞춰 가격이 싼 주택을 찾을 수밖에 없으리라.

결론적으로 부동산 경매 제도가 없다면 대출 받아 집을 산다는 건 꿈같은 얘기가 되고 말 것이다. 부동산 경매라는 제도가 있기에 은행은 지금도 서민들에게 대출을 해주며, 사람들은 이를 활용해 더 나은 주거 환경을 마련할 수 있다.

주식 빚만 1억 5,000, 어떻게 돈을 벌 수 있을까?

이와 관련해 소개할 이야기가 하나 있다. 개인적으로 유달리 흐뭇하고 보람 있었던 사례다.

송기욱(가명. 이후 모든 사례에 등장하는 인명은 가명을 사용함) 회원은 여섯 살 큰아들, 6개월짜리 막내를 둔 30대 후반의 아빠였다. 전라도 광주에서부터 서울 교대의 우리 사무실까지 매주 꼬박꼬박 교육을 받으러 올 정도로 열정이 넘쳤다. 문제는 자금이었다. 당시 이 회원은 부동산 경매에 매진하려는 생각으로 다니던 직장을 그만두고 2,000만 원 남짓한 종자돈만 들고 있던 상태였다. 그런데 벌이가 없다 보니 네 식구 생활비로 500만 원 돈은 이미 사라진 터였다.

송기욱 회원을 처음 만난 날, 나는 따끔하게 한 소리를 했다.

"부동산 경매를 한다고 해서 내일부터 당장 내 물건이 되고 세입자가 들어오는 게 아니에요. 최소 몇 달을 버틸 여유가 있어야죠. 대출이자는 어떻게 할 거예요? 생활비는? 경매 한 건만 하고 끝낼 거예요? 다음 물건도 들어가야 하잖아요. 쓸데없는 소리 말고 당장 직장 다시 구해요. 덜컥 그만두는 건 방법이 아니에요. 내 수입은 유지하면서 경매를 같이 하는 거예요. 그래야 더 빠르게 올라설 수 있어요."

나이로 따져 한참 동생이기도 하고, 내 초년생 시절을 보는 것 같기도 해서 나도 모르게 감정 이입을 하여 진심으로 조언을 했다. 고집도 어지간히 센 친구라 설득하기까지 몇 달이 걸렸다.

그런데 더 큰 문제는 따로 있었다. 자금이 부족한 것은 괜찮은데 빚이, 그것도 건강하지 않은 빚이 1억 5,000만 원이나 있었다. 한때 주식과 선물에 손을 대면서 대출을 받는 바람에 큰돈을 잃은 것이다. 경매 공부를 하다가도 한 번씩 잃었던 본전이 떠올라 혼란스러운 눈치였다. 부동산 경매보다도 '더 센 한 방'의 유혹에 시달리느라 경매 공부는 길어지는데 흐지부지 시간만 보내는 것 같았다.

다시 한 번 따끔한 잔소리를 할 수밖에 없었다. 그렇게 우여곡절을 겪은 뒤 드디어 마음을 다잡고 첫 낙찰을 받게 되었다.

1,100만 원으로 할 수 있는 가장 효과적인 부동산 투자

그 물건은 광주광역시 북구 일곡동의 아파트였다. 일곡지구는 한때 신도심이었으나 지금은 구도심이 된 지역이다.

상권, 근린공원, 초·중·고등학교, 도서관, 주민센터 등을 두루 갖춘 곳이라 생활 여건이 좋았다. 무엇보다 이 아파트는 초등학교가 바로 길 건너편이라는 장점이 있었다. 층수도 15층 중에 14층으로, 사람들이 흔히 선호하는 좋은 층이었다.

종합적으로 평가하자면 생활 여건이 좋고 그에 따라 월세 수요가 꾸준하다는 장점이 있지만 지가는 상당히 낮았다. 아마도 집값이 당

아파트 토지·건물 일괄매각		광주지방법원 본원 9계 (062-239-1671) 매각기일 **2020.09.22** 화(10:00)	

광주광역시 북구 일곡동 849-2, 청솔아파트 102동 14층 1403호 [전자지도] [도로명주소검색]
(도로명주소: 광주광역시 북구 일곡로 80)

전용면적	48.45㎡ (14.7평)	소유자		감정가	98,000,000
대지권	27.53㎡ (8.3평)	채무자		최저가	(70%) 68,600,000
개시결정	2020-04-01 (강제경매)	채권자	신한카드(주) 외 1	보증금	(10%) 6,860,000

오늘: 1 누적: 148 평균(2주): 1

구분	입찰기일	최저매각가격	결과
1차	2020-08-12	98,000,000원	유찰
2차	**2020-09-22**	**68,600,000원**	

낙찰 77,000,000원 (78.57%)
(입찰7명,낙찰 송○○)
매각결정기일 2020.09.29 - 매각허가결정
대금지급기한 2020.11.04

부동산 경매정보지에 올라온 해당 물건

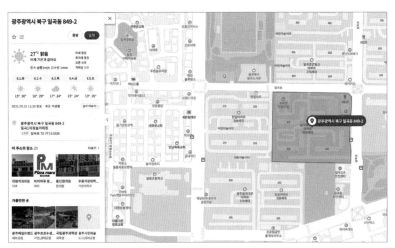

상권과 공원, 학교를 두루 갖추어 생활 여건이 뛰어나다

장 급상승하기를 기대하기는 힘들 터였다. 물론 15년 후쯤 재건축 바람이 분다면 가치가 급상승할지 모르지만 장담할 수는 없는 일이다.

여기서 송기욱 회원에게 중요한 것이 무엇인지 판단해야 했다. 미래 가치도 중요하지만 이분의 경우, 당장 매달 들어오는 월수입이 중요했다. 내 자금 사정에 맞는 것이 곧 좋은 투자다. 망설일 필요가 없었다.

이 물건의 감정가, 즉 최저매각가격은 9,800만 원이었고 시세는 9,000만~9,500만이었다. 1회 유찰된 상태에서 일곱 명이 입찰을 시도했고 송기욱 회원은 7,700만 원에 낙찰을 받았다. 운이 참 좋게도 2등과 겨우 100만 원 차이로 이 집을 손에 넣을 수 있었다. 일반 거래로는 절대 살 수 없는 금액이다.

그럼 무엇보다 중요한 수익을 따져보자. 이 집은 세를 놓았을 때 보증금 1,000만 원에 월세 40만 원까지 받을 수 있다. 비규제 지역이므로 대출이 60퍼센트까지 나온다. 즉, 감정가 9,800만 원 중 5,880만 원을 대출할 수 있다. 내 돈은 얼마나 묶일까? 넉넉잡아 1,900만 원을 부담해야 된다고 해보자. 보증금이 1,000만 원 나오므로 내 돈은 900만 원만 있으면 된다. 취등록세 77만 원, 법무비 몇 십만 원까지 더해서 1,100만 원이라고 계산한다.

월세는 40만 원이다. 5,880만 원의 이자를 3.2퍼센트로 계산하면 매월 15만 5,000원이다. 결국 이자를 제하고 실제 남는 돈은 24만 5,000원이다.

어떤 생각이 드는가? '그리 큰돈은 아니네.' 싶은가? 그렇다면 이렇게 생각해보자. 1,100만 원을 은행에 맡기면 이자가 매달 24만 원 나올까? 친구가 하는 일에 이 돈을 투자하면 매달 24만 원을 꼬박꼬박 줄까? 그렇지 않음을 잘 알 것이다.

물론 큰 차액으로 비싼 빌딩을 낙찰 받은 것도 축하할 일이지만, 송기욱 회원에게 24만 원이 가치 없다고는 결코 말할 수 없다. 지금 이분은 투잡을 뛰면서 경매할 자투리 시간까지 알뜰히 활용하고 있다. 큰 금액이 아니어도 매월 부수입이 들어온다는 것은 분명 큰 힘이 된다고 말한다. 이 월세는 10원도 안 건드리고 종자돈을 만들어 부동산에 투자할 계획이다. 그리고 1억 5,000만 원의 빚은 무조건 일해서 갚아나가겠다고 다짐했다. 목표는 3년 안에 월세 300만 원을 받는 것이라고 말하면서 이렇게 덧붙인다.

"몇 년 후 내 모습이 바뀔 거라는 확신이 듭니다."

지금의 내 상황을 인정하고 한 발자국 나아간 삶을 만들어내는 것이야말로 진정한 성공이다. 그런 의미에서 나는 이 젊은 아기 아빠에게 박수를 쳐주고 싶다.

경매하는 사람들,
생각보다 많지 않다

경매하기 가장 좋은 순간은 바로 지금

오늘은 부자가 될 확률이 제일 높은 날

부동산 경매 법원에 가면 발 디딜 틈 없을 정도로 많은 사람들이 들어찬 모습에 새삼 놀라게 된다. 아파트의 경우는 입찰자 수가 스무 명을 넘기 일쑤니 어지간히 높은 가격을 쓰지 않고서는 낙찰 받기가 어렵다. 이런 현실을 두고 사람들은 부동산 경매 시장이 과열됐다느니, 먹을 것 없다느니 수군거리곤 한다.

정말 부동산 경매는 더 이상 별 볼일 없을까? 나는 그렇게 생각하지 않는다. 물론 10~20년 전보다 경매에 참여하는 사람들 수가 많아진 것은 사실이다. 하지만 한번 냉정하게 생각해볼 필요가 있다. 혹시 주변에 부동산 경매를 전업으로 하거나, 혹은 부업으로라도 하는 이들이 흔히 있는가? 부동산 경매 학원에서 만난 회원들 말고, 일상에서 마주치는 가까운 이웃이나 회사 동료들 중에는 그런 경우를 거의 볼 수 없을 것이다.

부동산 경매 학원이나 입찰 법정은 경매에 관심 있는 사람들만 모인 곳이다 보니 그 숫자가 많아 보일 수밖에 없다. 하지만 전체 인구수와 비교했을 때 경매인들이 넘쳐난다고는 결코 말할 수 없다.

얼마 전 지인의 문병을 가느라 종합병원에 다녀온 적이 있다. 모두같은 병을 앓는 사람들이 모여 있다 보니 세상에 이렇게나 아픈 분들이 많았나 하는 생각이 들었다. 하지만 이들이 퇴원해서 밖으로 나오면 각자 삶의 공간으로 돌아갈 것이다. 그리고 저마다 사는 지역에서는 아픈 사람들을 병원에서처럼 흔하게 보지 못할 것이다. 한곳에 모여 있을 때 숫자가 유독 많아 보일 뿐이라는 소리다.

경매 인구도 마찬가지다. 경매 법정에 모이는 사람들만 보면 '요새는 너도나도 경매를 하는구나.' 싶지만 실제로는 그렇지 않다. 게다가 자세히 보면 특정 물건에만 입찰자가 몰리는 것을 알 수 있다. 대표적인 경우가 아파트다. 한 물건에 적으면 열 명에서 많게는 서른 명까지 몰리는 것이 보통이다. 그러니 해당 입찰 기일에 아파트 물건이 세 개 있다 하면 입찰하는 사람들 수가 50명을 훨씬 넘는다. 여기다 다른 물건에 입찰하러 온 사람들까지 더하면 100명을 넘어가는 것도 순식간이다. 좁은 법정 안이 더 비좁게 느껴질 수밖에 없다.

만약 그런 날에 경매 법정 견학을 가거나 입찰하러 간 사람이라면

북적북적한 사람들 숫자에 놀라고 경매 시장이 과열됐다고 느낄 것이다. 하지만 다른 날, 아파트 물건이 없는 입찰 기일에 법원에 가면 또 다른 느낌을 받게 마련이다.

하고 싶은 말은, 부동산 경매를 시작하기도 전에 지레 포기하지 말라는 것이다. 지금 시작하지 않으면 앞으로 10~20년 후엔 분명 더 많은 사람들이 부동산 경매에 참여할 것이다.

경매하기 가장 좋은 순간은 바로 '지금'이다.

PLUS TIP

늦은 때란 없다

한 남자가 있었다. 은퇴 후에는 노인학교에 가서 잡담을 하거나 체스를 두는 조용한 날들이 이어졌다. 그가 81세 되던 해였다. 그날은 늘 함께 체스를 두던 친구가 몸이 불편해서 나오지 못했기에 혼자 시간을 보내던 중이었다.

자원봉사자가 다가오더니 그림을 그려보길 권했다. 노인은 처음에 완곡히 거절했지만 몇 번의 권유 끝에 마지못해 화실로 향했다. 붓을 잡은 손은 떨렸지만 노인의 눈은 반짝반짝 빛나기 시작했다. 그때부터 매일 거르지 않고 그림을 그렸다. 미술 교육 과정 이후에도 그는 멈추지 않았다. 노인의 그림에 담긴 놀라운 재능에 사람들은 감탄하기 시작했다.

어느덧 노인은 '원시의 눈을 가진 미국의 샤갈'이라 불리게 되었고 그의 작품은 불티나게 팔려나갔다. 이 노인의 이름은 '해리 리버만(Harry Lieberman)'이다. 그는 81세에 미술을 시작했고 101세가 되던 해에 22번째 전시회를 열었으며, 103세에 생을 마감했다.

당신은 어떤가? 오늘을 똑바로 마주하며 살고 있는가? 아니면 환경과 여건, 나이를 탓하면서 '안 되는 이유'만을 찾고 있는가? 기회라는 것은 어쩌다 행운처럼 찾아오는 것이 아니다. 언제든 그것을 용기 있게 붙잡을 때 주어진다.

시장의 막힌 혈관을 뚫어주는
경매의 순기능

부의 기회를 내 것으로 만드는 확실한 방법

갈 곳 없는 부동산이 전국에 쌓인다면?

부동산 경매 제도는 부동산 경제에도 기여하는 바가 크다. 드라마에서 다음과 비슷한 장면을 한 번쯤 봤을 것이다.

건강하던 중년 남자가 어느 날 갑자기 가슴을 움켜쥐며 쓰러진다. 그동안 큰 자각 증상이 없던 탓에 시시각각 혈관이 막히고 있다는 것을 몰랐고, 결국 일이 터졌을 때는 돌이킬 수 없는 결과를 맞게 된다.

부동산도 마찬가지다. 경매 제도가 없다면 부동산 혈관이 막혀 국가 경제가 위태로워질 수 있다. 채무가 잔뜩 쌓인 부동산이 이러지도 저러지도 못하고 갇혀 있으니 제대로 순환하지 못해 경제 전반에 악

영향을 끼치는 것이다.

이해하기 쉽도록 다음 사례를 살펴보자. 경매가 진행된 아파트의 사례인데, 감정평가 금액이 6억 6,800만 원이다. 하지만 등기부에 적

소재지	서울 강서구 수명로2길 105 마곡수명산파크5단지 504동 6층 604호 [수명로2길 105] 도로명 검색				
물건종류	아파트	사건접수	2020.02.05	경매구분	임의경매
건물면적	59.84㎡ (18.1평)	소유자		감정가	668,000,000원
대지권	41.72㎡ (12.62평)	채무자	회0000 0000 000000...	최저가	(80%) 534,400,000원
매각물건	건물전부, 토지전부	채권자	하나은행	입찰보증금	(10%) 53,440,000원

입찰 진행 내용 입찰 7일전

구분	입찰기일	최저매각가격	상태
1차	2020-08-12	668,000,000	유찰
2차	2020-10-28	534,400,000	

물건 사진 사진 더 보기

경매 진행된 사건 내역

등기부 현황(집합) 채권액 합계 5,642,158,179

접수번호	등기목적	권리자	채권금액	기타등기사항	소멸여부
2008.08.06 (66285)	소유권이전			전소유자:에스에이치공사 매매(2007.10.02)	
2019.10.28 (196941)	근저당권	하나은행	457,200	말소기준권리	소멸
2019.12.26 (247203)	가압류	대구은행	390,000,000	대구지방법원 2019카단4309	소멸
2019.12.27 (249235)	가압류	신한은행	734,488,643	서울중앙지방법원 2019카단41038	소멸
2019.12.31 (251829)	가압류	신용보증기금	500,000,000	서울중앙지방법원 2019카단822926	소멸
2020.01.16 (12497)	가압류	한국무역보험공사	1,993,439,463	서울남부지방법원 2020카단200103	소멸
2020.01.29 (20038)	가압류	우리은행	245,019,381	서울중앙지방법원 2020카단30595	소멸
2020.02.06 (28336)	임의경매	하나은행	청구금액 453,407,680	2020타경893	소멸
2020.03.12 (62095)	가압류	국민은행	184,006,247	서울남부지방법원 2020카단459	소멸
2020.03.30 (76500)	가압류	중소기업은행	1,091,370,045	서울중앙지방법원 2020카단805745	소멸

등기부에 56억 원 상당의 채권액이 설정돼 있다

힌 채권액의 합은 약 56억 원에 달한다. 부동산 경매 제도가 없다면 56억 원의 채권액을 갚을 때까지 해당 부동산은 매매할 수 없다. 사는 사람이 없을 테니 말이다.

이런 부동산이 전국에 산재해 있으면 결국 부동산 흐름이 막히고 경제에 악영향을 끼치게 된다. 따라서 국가는 부동산 경매 제도를 통해 일정 요건하에 채권액과 상관없이 등기부상의 권리를 모두 소멸하게끔 만들어주고 새로운 소유자(낙찰자)에게 넘겨준다. 이제 이전 소유자의 복잡한 등기부는 모두 지워지고 낙찰자는 깨끗해진 등기부를 받을 수 있다(다만, 말소기준등기라는 일정한 요건하에서 권리가 소멸되는 것이지, 매번 모든 권리가 소멸되는 것은 아니다. 이에 대한 내용은 뒤쪽에서 자세히 다루고자 한다).

이제부터라도 부동산 경매를 선입견 가득한 시선으로 바라보지 말고, 경제를 이끌어주는 선순환 제도라 이해한다면 좋겠다. 경매를 통해 우리 사회는 부동산 시장의 혈관이 막히는 사태를 방지할 수 있다. 매도자는 물건을 팔 방법을 확보하고, 채권자는 채권을 회수할 수 있는 길이 열리며, 낙찰자는 저렴하게 물건을 취득하는 행운을 거머쥐게 된다.

그러니 긍정적인 마음으로 부동산 경매에 적극 도전하여, 지금껏 살피지 못했던 놀라운 부의 기회를 자신의 것으로 만들기 바란다.

2장

소액으로 부자가 될 수 있는
경매의 원리

부자가 되고 싶어
500만 원으로 시작한 첫 경매

'열심히만 산다고 부자가 되지 않는다', 내가 부동산 경매에 뛰어든 이유

행복한 부자를 꿈꾸다

이 책을 읽는 독자들에게 한 가지 묻고 싶은 것이 있다. 당신에겐 돈을 꼭 벌어야 하는 이유가 있는가? 혹시 돈이야 많으면 좋지만 없어도 그만이라고 생각하는가? 전자인 사람도 있고 후자인 사람도 있을텐데, 장담컨대 전자가 돈을 벌 확률이 훨씬 높다.

나는 어린 시절 어느 순간부터 '돈이라는 게 참 무섭구나'라는 사실을 절감했다. 어릴 때 아버지는 극장을 운영했다. 택시기사에게 "봉천극장 가주세요"라고만 말해도 알아들을 만큼 한때는 소문이 제법 난 극장이었다. 하지만 IMF를 맞아 사업이 무너졌고 온 식구가 이모 댁 방 한 칸에 얹혀살아야 할 만큼 가난하고 혹독한 시간이 찾아왔다.

대학을 체육 전공자로 졸업한 후로는 어떻게 하면 돈을 조금이라도 더 벌 수 있을까를 늘 염두에 두며 살았다. 사회에 나와서 직장생활을 하다가 '월급만으로는 안 되겠다'라는 생각에 내 사업을 해보기로 결심했다.

전공을 살릴 수 있는 분야로 당시 부상하던 PT숍에 눈을 돌렸다. 그때 '캘리포니아 휘트니스센터'라는 대형 체인점이 유명세를 얻고 활발하게 영업 중이었는데, 해외 시장을 보니 이런 대형 센터에서 일대일 PT숍으로 사업의 기류가 서서히 이전하고 있었다.

그 틈을 파고들자 싶어, 캘리포니아 휘트니스센터 바로 옆에 개인 PT숍을 열었다.

손가락만 빨기를 1년, 예감했던 대로 캘리포니아 휘트니스센터가 부도나고 그 반사 이익으로 우리 숍의 회원 수가 빠르게 늘기 시작했다. 새벽 6시부터 밤 11시까지 회원들을 대상으로 레슨을 하며 열심히 뛰는 날들이 이어졌다. 그런데 이상하게도 돈이 모이질 않았다. 월세, 관리비, 인건비, 세탁비, 청소비 등 유지비가 너무 큰 탓이었다. 게다가 얼마 후부터는 엇비슷한 업체들이 우후죽순 생겨나면서 경쟁이 치열해졌다. 7년째 숍에 매달리던 어느 날 문득 이런 생각이 들었다.

'내 시간이라고는 조금도 없고 점심도 걸러 가며 일하는데도 생활비밖에 못 벌 거라면, 이걸 대체 왜 해야 하는 거지? 행복한 부자가 되고 싶다고 생각했는데, 나는 지금 행복한가?'

부자들이 말해준 '부자가 되는 길'

부동산 경매라는 것에 관심이 생긴 것은 7년 만에 숍을 다른 사람에게 넘기고 안정적인 직장에 다시 취직한 시점이었다. 우연히 라디오에서 부동산 경매에 관한 짧은 강의를 들었는데 '세상에, 이거다!' 싶었다.

사실 PT숍을 운영하던 중에도 부동산 경매에 대한 이야기는 심심치 않게 접했다. 당시 청담동 부촌에 위치했던 숍의 특성상 연예인을 포함해 말 그대로 부자들이 숍을 많이 찾아왔다.

그중에서도 특별히 기억에 남는 분이 있다. 이분은 온 가족이 자택에서 개인 PT를 받았다. 청담동의 으리으리한 150평 고급 빌라에 레슨을 하러 가면 이분은 늘 기다렸다는 듯이 부동산 이야기를 건넸다. 지금 생각해보면, 먹고 살려고 열심히 노력하는 스물여섯 청년이 기특해서 어떻게든 더 쉽고 빠른 길을 알려주고 싶으셨던 것 같다.

"이 사장, 얼마 전에 연수원 건물이 하나 경매로 나왔어. 그때 30억이었거든. 내가 한 번 더 기다리고 있는데 가격이 벌써 절반이나 빠졌어. 다음에 나오면 잡으려고 해. 이 사장, 사람이 이런 걸 해야 돼. 이리 와서 한번 봐봐."

그분은 이미 업계에서 사업으로 큰 부를 이룬 상황이었다. 그런데도 꾸준히 부동산으로 자산을 불리는 것을 보며, 당시 솔직한 심정은 이랬다.

'역시 부자는 아무나 되는 게 아니구나. 이런 건 다 돈 있는 사람들이나 하는 거지. 나는 지금 하루하루 먹고 살기가 힘든데 그런 여유가 어디 있어. 나도 나중에 돈 모으면 저런 거 한번 해봐야지.'

그렇게 부자가 되고 싶다는 열망은 그대로인 채, 주변의 환경만 바뀌기를 수차례였다.

라디오에서 '최소한의 자금으로도 얼마든 부동산 경매를 할 수 있고 돈을 벌 수 있다'는 이야기를 듣는 순간, 예전에 만났던 고객의 이야기가 오버랩되었다. 내 생각의 틀을 알게 모르게 서서히 단련시켜 주었던 그 고객이 없었더라면 그 '번쩍' 하는 순간은 찾아오지 않았을지 모른다.

그길로 부동산 경매 학원을 알아보고 당장 등록했다. 아무것도 모르는 상태에서 무작정 공부를 시작하고 두 달치 월급 500만 원을 모아 첫 물건을 낙찰 받았다. 너무 먼 길을 돌아왔다는 생각에 조금도 더 기다릴 수가 없었다. '10원만 남아도 한다'는 생각이었다. 이 시장을 최대한 빨리 피부로 느끼고 경험을 쌓고 싶었다.

누군가에게는 씁쓸한 질문, "몇 동 몇 호 살아요?"

'하루라도 빨리 부자가 되어야겠다'라고 조급하게 마음을 먹은 또 한 가지 중요한 이유가 있었다.

나는 서울 봉천동의 전세 5,000만 원짜리 원룸에서 신혼생활을 시작했다. 아이가 태어나고 자라면서 네 평 남짓한 원룸은 너무 비좁아졌기에 같은 건물의 투룸으로 옮기게 되었다. 여윳돈이 있어 옮겼다기보다 건물주의 배려와 주변의 도움으로 전세금을 간신히 맞추어 이사를 한 상황이었다.

원룸에 살던 내게 투룸은 궁전 같이 느껴졌다. 친구들을 불러 고기를 구우며 집들이도 했다. 나는 마냥 기쁘고 좋기만 한데 나를 보는 친구들의 눈빛은 뭔가 안쓰럽다는 느낌이 서려 있었다. 고만고만한 집에서 신났다고 잔치를 벌이는 내 모습이 철없어 보였던 듯하다.

우리가 살던 빌라 옆에는 B브랜드의 아파트가 있었다. 단지 내에 크고 멋진 놀이터가 갖추어져 있어서 아내는 종종 아이를 데리고 그 아파트를 놀러 갔다. 어느 날 거기서 또래 친구를 만난 아이는 신나게 놀고 엄마들도 육아하는 고충을 나누며 재밌는 시간을 보냈다. 웃고 떠드는 사이 헤어질 시간이 되자 한 아이 엄마가 물었다.

"몇 동 몇 호 살아요? 애들끼리 잘 통하는데 우리 자주 보면서 지내요."

"아, 그게…… 저희 집은 여기 아파트가 아닌 옆 빌라예요."

"어머, 여기 사는 엄마가 아니었구나……."

아내의 말을 들은 아이 엄마들은 이내 얼굴 표정이 바뀌었다. 그리고 그날의 즐거웠던 만남은 뭔가 떨떠름한 분위기에서 서둘러 끝이 났다.

퇴근하고 집에 왔는데, 아내의 얼굴이 눈물로 얼룩져 부어 있었다. 영문을 모르는 나는 자초지종을 물었고 놀이터에서 있었던 이야기를 들었다.

'아…….'

가슴이 철렁 내려앉았다. 나 때문에 아내와 아이가 그런 취급을 받은 것 같아 분하고, 또 미안했다. 그 엄마들이 나쁘다고 할 수는 없었다. 그저 어쩔 수 없는 대한민국의 현실을 직시했을 뿐이다. 어느 집에 사느냐에 따라 등급이 나뉘고, 친구가 바뀌며, 아이 엄마들도 그들만의 모임이 생기는 것이다.

이 일을 계기로 돈을 벌어야만 하는 또 한 가지 굳은 이유가 생겼다. 지금 이 상황을 벗어나려면 어떻게 해야 하나 집중력이 샘솟았다.

그렇게 시작한 부동산 경매에 나는 필사적으로 매달릴 수밖에 없었다. 꿈에 부푼 채 아내에게 이렇게 말하기도 했다.

"나한테 딱 맞는 일을 찾았어. 당신이 응원해줬으면 좋겠어."

하지만 아내의 답은 '결사 반대'였다. 이제야 자리 잡고 안정적으로 살기 시작했는데 왜 또 모험을 하려 하느냐는 소리였다. 애가 탄 아내는 나를 말리기 위해 다섯 명의 언니들에게 도움을 요청해서 긴급 가족모임이 열리는 해프닝이 벌어지기도 했다.

하지만 내 결심을 돌이킬 수는 없었다. 그동안의 산전수전으로 '세상에 이만한 방법이 없다'는 확신이 이미 단단히 자리 잡은 터였다.

작은 반지하 빌라로 첫걸음을 떼다

처음 낙찰 받은 물건은 작은 반지하 빌라였다. 낙찰가는 7,250만 원이었는데 다행히 직장이 안정적이라 95퍼센트의 대출을 받을 수 있었다.

처음에는 한없이 마음이 부풀었지만 한 달 두 달 지날수록 초조해지기 시작했다. 전세가 좀처럼 나가질 않는 것이었다. 전세가 빠져야 그 보증금으로 다음 경매를 시도할 수 있을 텐데 6개월이 되어가도록 진척이 없었다.

아내의 인내심도 슬슬 한계에 도달했다. 맞벌이하고 애 키우는 것도 힘든데 내지 않아도 될 은행 이자만 매달 나가는 형편이니 부아가 치밀 법도 했다.

'아니, 다들 사람 사는 집인데 왜 내 것만 안 나가지?' 싶던 차에 드디어 세입자가 나타났다. 내가 낙찰 받은 금액을 생각하면 신기하리만큼 높은 금액에 전세 계약을 맺었다. 생각해보면 그때 나는 아직 가난한 마인드였던 듯하다. 부동산이란 것은 기다리면 결국 때가 오게 마련인데, 경험이 없다 보니 마음에 여유가 없었다.

드디어 아내도 응원을 해주기 시작했다. 그때부터 나는 날개라도 단 듯 다음, 그 다음 입찰에 차례차례 뛰어들었다. 어느 순간부터는 조금이라도 더 큰 수익을 내기 위해 남들이 주목하지 않는 물건들을 집중적으로 노리기 시작했다. 예를 들어 보증금 미상인 물건, 즉 대항력 있는 임차인은 존재하지만 인수해야 할 금액이 얼마인지 알 수 없는 물건, 당해세 여부 때문에 사람들이 쉽게 들어가지 못하는 물건들이 주로 그 대상이었다. 돈만 된다 하면 잠복근무를 해서라도 어떻게든 필요한 정보를 알아낼 자신이 있었다.

그렇게 하나하나 경험을 쌓으면서 내가 가는 길에 대한 확신도 점차 커졌다.

가진 돈이 없어도
남의 돈으로 할 수 있는 게 경매

"저 부자 만들어주세요",
열정 넘치는 청년의 레버리지 활용 전략

'부자 될 상'은 따로 있다

나는 윌 스미스(Will Smith) 주연의 영화 〈행복을 찾아서〉를 좋아해서
몇 번이고 다시 보곤 한다. 노숙자에서 억만장자 CEO가 된 금융인
크리스 가드너(Chris Gardner)의 삶을 그린 영화인데, 몸 누일 방 한 칸
을 구할 수 없어 아이와 화장실에서 쪽잠을 자며 공부하는 모습이 뼈
에 사무칠 정도로 와 닿았다. 이 사람이 억만장자가 된 것은 돈을 벌
어야만 했던 확고한 이유가 있었기 때문이다.

베프옥션을 운영하며 수많은 회원들을 만나다 보니 척 하면 부자
가 될 분인지 아닌지 보이는 정도가 되었다. 판단의 기준은 바로 '욕

심'이다. 부자가 되려면 욕심이 있어야 한다. 여기서 욕심을 다른 말로 하면 굳은 의지라고 할 수 있다. 무엇이든 미쳐야 이뤄낼 수 있는데 욕심이 없으면 미치지 못하니 이뤄낼 수가 없다. 회원들을 보면서 참 안타까울 때가 바로 욕심이 없는 경우다. 심성이 유하고 사람이 선해서 더 안쓰럽게 느껴지는 분들이 있다. 어떻게든 재기하도록 도와주고 싶은데 욕심이 없으면 옆에서 도와주는 사람까지 맥이 풀린다.

'내 인생이 그렇지 뭐.' 하는 자조적인 생각은 버리라. 열심히 사는 것도 중요하지만, 열심히 사는 것과 돈을 많이 버는 것은 전혀 다른 이야기다. 하루 두세 시간 쪽잠을 자며 투잡, 쓰리잡을 뛰는 사람들이 모두 부자가 되는 것은 아니다. 나 또한 바로 그런 경우였기에 누구보다 그 사실을 뼈저리게 알고 있다.

빚 없어야 발 뻗고 잔다? 빚이 있어야 더 좋은 집에서 잔다!

모아둔 돈은 없지만 의지만큼은 남달랐던 회원 한 분의 이야기를 여기에 소개한다.

울산에 사는 서른 살의 젊은 아기 아빠가 사무실에 불쑥 찾아왔다. 새벽 3시에 야간 근무를 마친 후 첫차를 타고 올라온 터라고 했다.

처음 꺼내는 소리가 '모아둔 돈이 10원도 없다'는 것이었다. 적금이라도 든 것 없냐고 물어보니 '진짜 아무것도 없다'는 답이 돌아왔다. 그러고서 덧붙이는 한마디가 압권이었다.

"저 부자 좀 만들어주세요."

기가 막히면서도 속으로 멋있다는 생각이 들었다. 그 말 한마디에 욕심과 열망이 얼마나 깊은지가 충분히 담겨 있었다. 일단 대범하게 부딪히고 보는 괴짜 같다는 느낌이었다. 어떤 생각으로 여기까지 왔는지를 물었다.

"경매라는 게 하루아침에 눈이 깊어지는 게 아니잖아요. 하루라도 빨리 공부를 시작해야죠. 그리고 내가 활용할 수 있는, 나도 모르는 금융 자산이 혹시 있지는 않을까 점검을 받아보고 싶어요."

알아보니 그나마 다행인 것은 살고 있는 집이 자가라는 점이었다. 집은 디딤돌대출을 받아 장만한 상태였다. 대출 없는 내 집을 얼른 만들고 싶다는 생각에 직장에서 4대 보험 신청도 하지 않았다고 했다. 대신에 월급을 조금이라도 더 받으려는 심산이었다. 물론 잘못된 방법이다. 법적으로도 문제의 소지가 있지만, 무엇보다 4대 보험을 안 내니 소득 증빙이 안 되고 대출도 받을 수 없다는 점이 큰일이었다. 당장 회사에 가서 보험부터 처리하라고 조언했다.

집은 시세가 3억 4,000만 원에 대출이 1억 7,000만 원이었고 신용 대출을 받은 적은 없었다. 이럴 때의 전략은 대출을 최대한 활용해서 은행 이자보다 더 큰 수익을 내는 것이다. 내가 판단하기로는, 아파트 가격에 비해 대출이 적은 편이었다. 은행권에 알아보면 60퍼센트까지는 대출이 가능하다. 대환대출(금융기관에서 대출을 받은 뒤 이전의 대출금이나 연체금을 갚는 제도)을 이용하면, 기존의 대출금을 갚으면서도 남은 차액을 활용할 수 있다.

또한 원금과 이자를 동시에 갚는 현재의 방식도 수정할 필요가 있었다. 지금은 빚을 빨리 갚고 싶어서 상환금을 최대한 많이 책정해놓은 상태였다. 이를 최소화해야 했다. 원리금균등상환으로 매달 나가는 금액을 줄이고, 이자만 내도 되는 거치 기간을 최대한 활용하도록 했다.

예를 들어 대출이 60퍼센트, 즉 2억 400만 원이 나온다 치면 1억 7,000만 원의 빚을 갚고도 약 3,000만 원의 여유 자금이 생긴다. 만약 직장 생활을 하면서 3,000만 원을 모으려면 2년은 족히 걸릴 것이다. 하지만 대출을 잘만 운용하면 2년 후 5,000만 원, 아니 1억도 충분히 만들 수 있다. 그러니 내가 유용할 수 있는 자산이 없을지, 자금 규모와 상황에 대해 구체적인 상담을 받아볼 필요가 있다.

'빚은 최대한 빨리 갚아서 하루라도 빨리 발 빼고 자야 한다'는 사람들도 많지만 부동산 투자를 생각한다면 그 사고방식부터 벗어던져야 한다.

열정과 욕심이 넘치는 그 청년을 보면서 PT숍을 운영하던 이십 대의 내 모습이 떠올랐다. 그리고 '마인드와 그릇이 모든 것을 좌우한다'는 진리를 되새겼다. 이 친구가 내 나이가 됐을 때는 얼마나 크게 성장해 있을지 벌써부터 기대가 된다.

두 가지 장애물만 넘으면
쭉쭉 갈 수 있다

부동산 투자하는 사람들이
극복해야 할 두 가지 공포

대박의 환상을 버리라

우리나라 사람들은 유독 '빨리빨리'를 좋아한다. 물론 가시적으로 빨리 결과가 보이면 얼마나 좋겠는가? 하지만 부동산은 공장에서 찍어내듯 똑같은 성과를 뚝딱하고 만들어내는 것이 아니다. 재테크에 성공하기 어려운 이유 중 하나가 바로 수익이 날 때까지 느긋하게 기다리지를 못한다는 것이다. 물론 내 돈이 들어갔으니 결과를 빨리 보고 싶은 마음은 이해하지만 급히 먹는 밥이 체하는 법이다.

똑같은 물건이라도 수익 난 사람이 있고 손해 본 사람도 있다. 그 이유는 심리에서 밀렸기 때문이다. 한 예로 5억 원 하던 아파트 가격이 떨어져서 4억 5,000만 원이 되었다면 사람들이 살까? 반대로 5억 원하던 아파트 가격이 올라 5억 5,000만 원이 되었다면 사람들이 팔까? 그렇지 않다. 가격이 내리면 더 내릴까 두려워 사지 못하고, 반대로 가격이 오르면 더 오를까 두려워 서둘러 사는 것이 대부분의 사람 심리다.

그러다 보니 4억 5,000만 원일 때는 사지 못했던 사람이 5억 5,000만 원에 사는 우를 범하게 된다. 그러다 가격이 5억 원으로 떨어지면 더 내릴까 두려워 팔아버린다. 5,000만 원을 손해 본 셈이다. 반대로 4억 5,000만 원일 때 더 떨어질 것 같은 두려움을 극복하고 산 사람은 5억 원에 팔고 나와도 5,000만 원을 번다.

가격이 내릴 땐 사고 오를 땐 파는 게 당연한 이치이건만, 대다수 사람들은 가격이 오를 때 사고 내릴 때 판다.

부동산 투자에 독이 되는 두 가지 공포

모든 집주인들은 자기 집에 대해 프라이드를 갖고 있다. 집주인이니 어찌 보면 당연한 애착이지만, 이 애착이 부동산 매매에서는 독이 될 수 있다. 가장 큰 실수는 높은 가격을 고집하는 것이다. 자신의 집이 실제보다 더 많은 가치가 있다고 믿는 이들을 흔히 볼 수 있다. 다시 말해, 조금이라도 더 받을 수 있지 않을까 하는 기대감을 놓지 못한다.

부동산 투자자들은 두 가지 종류의 공포심을 겪는다. 첫째는 내가 사고 나서 가격이 떨어지면 어쩌나 하는 두려움이고, 둘째는 내가 팔고 나서 가격이 오르면 어쩌나 하는 공포다. 그래서 보유한 부동산이 상당히 오른 것 같은데 더 오를 듯한 막연한 기대감에 팔지 못한 채들고 있는 사람이 있다. 천년만년 지속될 줄 알았던 상승세가 꺾이고 그제야 서둘러 팔려고 내놓지만 이미 싸늘해진 시장 분위기에 어쩔 줄 모르는 경우가 흔하다.

부동산을 판 사람들도 마음이 마냥 편하지는 않다. 내가 판 뒤에 가격이 오르기라도 하면, 사고 나서 가격이 떨어진 것과 비슷한 정도의 심리적 충격을 받는다. 어깨라고 생각해서 팔았는데 한참 더 상승하는 경우에는 잘못 팔았다며 땅을 치고 후회한다. 그때부터는 밤에 잠도 안 온다. 밥을 먹어도 소화가 안 되고, 그 아파트를 팔아준 중개사무실이 원망스럽기까지 하다. 더 나아가 중개사무실에서 아파트 가격이더 오를 것을 알고 매수자와 짜고서 나에게 사기를 쳤다는 기분까지 들 수 있다. 그게 무서워서 적당한 가격에 팔지를 못하는 경우가 많다.

과욕은 타이밍을 놓치게 만든다

실상 '무릎에 사서 어깨에 팔아라'는 말만큼 실천하기 어려운 것이 없다. 사람 심리는 바닥에 사서 머리끝에 팔고 싶기 때문이다. 하지만 투자란 과욕을 버리는 것 또한 중요하다. 누구나 바닥이라고 생각하는 시기에는 반등할 일만 남았기에 매물이 적다. 또한 누구나 머리끝이라고 느끼면 매물이 쏟아진다. 누군가가 내 물건을 살 때는 그 사람 또한 매수 가격보다 더 오를 가능성을 염두에 두고 사는 것임을 생각해야 한다. 까치밥을 남긴다는 심정으로 적당한 시기에 팔고 나오는 게 현명하다.

그러니 팔고 나서 올라도 슬퍼하지 말기 바란다. 잘못 판 게 아니라 남의 수익이 크게 느껴져 내 수익을 손실 취급하는 것뿐이다. 팔고서 바로 시세가 꺾이기를 기다리는 것은 지나친 욕심이다. 끝까지 먹겠다고 버티다간 타이밍을 놓칠 수 있다. 과욕을 버려야 살 타이밍과 팔 타이밍을 놓치지 않는다.

앞일은 아무도 모른다. 다만 지난 경험을 바탕으로 추측해서 좀 더 올바른 길을 찾을 수 있을 뿐이다. 자신의 수익이 적다고 만족할 줄 모른다면 언제나 수익은 저 멀리 가 있을 것이다. 투자 세계에서 과욕은 금물이다.

부동산은 100퍼센트 당첨되는 로또 복권이 결코 아님을 기억하라. 다만, 다음의 세 가지를 버린다면, 적어도 목표했던 수익에 한 계단 더 가까이 갈 수 있을 것이다.

부동산으로 성공하려면 반드시 버려야 할 세 가지

1. 바닥에 사서 꼭지에 팔겠다는 마음
부동산을 바닥에 사서 꼭지에 파는 것은 현실적으로 불가능하다.

과거 가격에 연연하면서 그 정도 가격으로 떨어지면 사겠다고 기다리는 사람들을 주변에서 쉽게 볼 수 있다. '저 아파트가 불과 몇 년 전에 얼마였는지 내가 뻔히 아는데, 어떻게 이 가격에 사라는 거냐'는 소리다.

하지만 전문가도 바닥이 언제인지 꼭지가 언제인지는 미리 알 수 없다. 바닥이 온 뒤에야 바닥인지 알 수 있고, 꼭지에 도달해야 꼭지인지 알 수 있다. 따라서 이미 지나간 최저가만 고집한다면 무릎조차 놓치는 실수를 범하게 된다.

2. 지나친 '리스크' 걱정

투자의 장점과 단점을 균형 있게 파악하고 분석하는 일은 당연히 필요하지만 이때 리스크를 너무 강조해서 꼬투리를 잡는 데 몰두하는 사람들이 있다. 이런 사람들은 결국 실행을 하지 못한다. 아무리 열심히 분석하고 공부해보았자 실행하지 않으면 달라지는 것은 아무 것도 없다.

3. 돈이 없어 투자를 못한다는 생각

당장 쓸 돈도 없는데 무슨 부동산 투자냐며 아예 관심을 두지 않는 분들이 있다. 무리하게 대출을 받아서 투자하는 것은 지양해야 하지만, 아예 관심조차 갖지 않는 것은 부동산으로 돈 버는 기회를 스스로 저버리는 일이다. 부동산 투자는 500만 원으로도 시작할 수 있다.

돈이 없다고 한탄하고 불평만 하는 사람은 점점 더 깊은 가난의 길

을 택하는 셈이다. 그 시간에 똑같은 상황에서도 누군가는 작은 종자
돈으로 부를 향해 천천히 나아가고 있다.

조바심과 박탈감을 경계하라

다음 중 여러분은 어떤 경우를 선택하겠는가?

① 누군가 5,000만 원을 벌고 있는데 나는 4,000만 원을 버는 상황
② 내가 3,000만 원을 버는데 다른 사람이 2,000만 원을 버는 상황

실험 결과, 놀랍게도 대다수 사람들이 ②의 상황을 선택했다. 이런 심리는 부
동산 투자에도 영향을 미친다. 평소에는 관심이 없다가도 부동산 가격이 상
승한다는 보도가 나오면 조바심이 나고, 누가 부동산으로 돈을 벌었다는 이
야기를 들으면 상대적 박탈감을 느껴 섣불리 투자에 뛰어든다. 남들이 버는
이상으로 내가 벌어야 직성이 풀리는 심리는, 투자에서 반드시 경계해야 할
부분이다.

서울엔 아직도
노다지 물건이 많다

**몇 년 뒤 '억' 소리가 나는
지역을 노린다면?**

서울에 아직도 이런 물건이?

앞서 '바닥에 사서 꼭지에 팔겠다는 욕심을 버리라'고 이야기했다. 바닥이 어디인지는 누구도 알 수 없고, 바닥이었던 곳 중 어디가 상승할 것인지도 분간하기 쉽지 않기 때문이다. 하지만 대한민국 부동산에서 '언젠가 큰 이익을 보게 될 확률이 높은 지역'을 꼽으라면 재건축, 재개발 지역을 말할 수 있을 것이다.

'부동산은 결국 시간이 보상해준다'는 원리를 익히 아는 사람들이라면, 부동산 경매를 통해서도 좋은 기회를 노려볼 수 있다.

다음 사진은 경매로 나온 양천구 신월동 빌라의 반지하 물건이다.

부동산 경매정보지에 올라온 해당 물건

최저매각가격이 8,000만 원이었는데 1차에 열한 명이 들어와서 약 1억 1,700만 원 정도에 낙찰되었다.

이 건물은 1986년도에 지어져서 한눈에 보기에도 많이 낙후되어 있다. 게다가 해당 호실은 3분의 1 정도가 지하에 잠긴, 말 그대로 반지하 물건이다. 인테리어는커녕 섀시조차 예전 그대로 낡은 상태다.

모르는 사람들은 1억 넘는 돈을 주고서 이 낡은 집을 선뜻 사고 싶어 하지 않을 테지만 여기에 관심을 보여야 하는 이유는 바로 재개발 이슈가 있기 때문이다.

조금 더 최근에 낙찰된 비슷한 물건도 있다. 마찬가지로 양천구 신월동의 반지하 빌라이며, 연식도 비슷하다. 이 건은 1회 유찰된 후 2회에 낙찰되었는데 무려 36명이 몰렸고, 최초 가격의 190퍼센트를 넘긴 1억 3,888만 원에 낙찰되었다.

상황은 이 주변 일대가 모두 비슷하다. 본격적인 재개발 소식이 들리지는 않았지만 이 동네에 관심을 가지고 미리 사두려는 사람들의

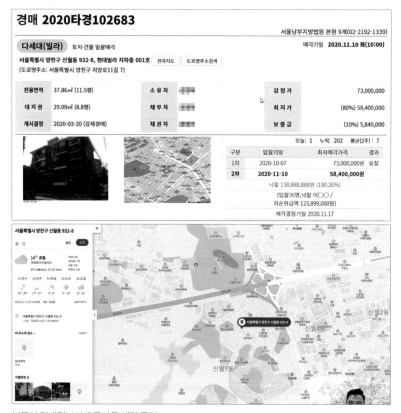

부동산 경매정보지에 올라온 해당 물건

1부 | 부동산 규제가 심할수록 경매가 답이다

관심이 쏠리고 있다. 특히 비슷한 방법으로 돈을 번 경험이 있는 사람들일수록 적극적으로 뛰어든다.

하지만 지금 이 글을 읽는 독자들 중에도 '그래? 괜찮겠는데?' 하고 생각만 할 뿐, 막상 실천에 옮기지는 않는 이들이 훨씬 더 많을 것이다. 중요한 것은, 미리 움직이고 행동한 이들은 시간이 흘렀을 때 넘치도록 보상을 받는다는 사실이다.

아직도 서울에는 1억도 안 되는 가격으로 살 수 있는 재개발, 재건축 추진 빌라들이 산재해 있다. 여기서 핵심은 '서울'이라는 것이다. 서울을 조금 벗어난 수도권만 해도 공급량을 늘릴 때 기존 주택을 허물기보다 빈 땅을 활용하는 방향을 택하는 경우가 많다. 송도 신도시, 검안, 계양 등이 모두 그런 경우다. 하지만 서울은 다르다. 그린벨트를 해지하지 않는 한, 대규모 아파트 단지를 지을 빈 땅을 확보하기가 어렵다. 그렇기에 기존의 노후된 지역을 허물고 새로 단지를 조성하는 방법을 주로 사용한다. 이는 지금껏 진행된 부동산 정책들만 돌아봐도 알 수 있는 사실이다.

그러므로 부동산 경매를 하는 사람이라면 시야를 넓혀서 재건축, 재개발의 가능성이 있는 서울 안의 빌라 하나쯤은 염두에 두는 것이 어떨까 한다.

낡은 반지하 빌라를 눈여겨보라

재건축 사업이 추진되려면 일단 조합이 설립이 되어야 한다. 조합 설립 자체도 쉬운 일이 아니어서 5년, 10년이 걸리는 경우도 허다하다. 따라서 조합이 이미 설립된 물건이라면 안전하다고 판단할 수 있다. 물론 조합 설립 전이라면 훨씬 더 저렴한 가격에 매입할 수 있으나, 생각보다 더 오랜 시간 기다리게 될 수 있음을 예상해야 한다.

　그렇다면 이런 물건들에 대한 정보를 어디서 구해야 할까? 재건축, 재개발 예정 물건들은 굳이 비싼 컨설팅 업체에 의뢰하지 않아도 국토교통부 보도자료를 통해 알아볼 수 있다.

국토교통부		보 도 자 료	한배라 대한민국
	배포일시	2020. 9. 17.(목) 총 6매(본문 4, 참고 2)	
담당 부서	국토교통부 주택정비과	**담 당 자**	• 과장 이재평, 사무관 신용화, 주무관 양승혁 • ☎ (044) 201-3385, 3394
	서울특별시 주거정비과	**담 당 자**	• 과장 진경식, 팀장 이정식, 주무관 신영옥, 유태윤 • ☎ (02) 2133-7205, 7204
	한국토지주택공사 도시정비사업처	**담 당 자**	• 처장 박현근, 부장 최종기, 차장 하동우 • ☎ (055) 922-4221
	서울주택도시공사 공공재정비사업단	**담 당 자**	• 단장 이원철, 부장 박진수, 차장 정임함 • ☎ (02) 3410-7334
보 도 일 시		2020년 9월 18일(금) 조간부터 보도하여 주시기 바랍니다. ※ 통신·방송·인터넷은 9. 17.(목) 11:00 이후 보도 가능	

국토부 · 서울시, 21일부터 공공재개발 후보지 공모
- 주민동의, 낙후도 등을 종합평가…연내 후보지 선정 ┤

□ **국토교통부**(장관 김현미)와 **서울특별시**(서울시장 권한대행 서정협)는

국토부와 서울시의 '공공재개발 후보지 공모' 관련 보도자료

위의 자료를 보자. 2020년 9월 17일 국토교통부는 보도자료를 통해 국토부와 서울시가 '공공재개발 후보지를 공모한다'는 내용을 알렸다. 주민 동의 및 건물의 낙후도 등을 종합 평가하여 연내 후보지를 선정한다는 내용이다.

그렇다면 투자자 입장에서는 이 공모에 어떤 지역들이 참여했는지를 알아볼 필요가 있다. 공모에 참여한 모든 지역이 공공재개발 대상으로 선정되지는 못하겠지만, 적어도 노후도 등의 요건에 충분한 근거가 있고 주민들의 동의가 이루어졌음은 예측할 수 있다. 이번에 선정되지 않더라도 몇 년 후에는 가능할지도 모른다는 이야기다.

가급적이면 해당 지역에 직접 찾아가서 눈으로 확인할 것을 권한다. 상황이 어떤지, 혹시 나와 있는 매물은 없는지를 살펴보자. 아직 재개발 바람이 불지 않아서 공모에 참여하지는 않았지만, 충분히 낙후되고 가격은 훨씬 더 저렴한 지역도 있을 수 있다. 시선을 최대한 넓혀서 다양한 지역의 물건들을 조사할 필요가 있다.

만약 관심을 가졌던 지역의 물건이 경매로 나와서 매입하게 된다면 조급한 마음을 버려야 한다. 당장에 시세 차익을 거두겠다는 생각이 아니라, 언제가 될지는 모르지만 미래를 위해 투자하는 것이니 당분간은 잊어버리고 있겠다는 마음이어야 한다.

앞에서 소개한 반지하 빌라들의 경우 새 건물이나 지상층 물건들보다는 감정가격이 낮게 평가되어 추가분담금이 늘어날 수도 있다. 하지만 1억 원 안팎의 자금으로 서울 시내 멋진 새 아파트의 가치를 미리 확보한다는 것은 충분히 해볼 만한 도전이다.

공공재개발 후보지 공모에 신청한 지역들

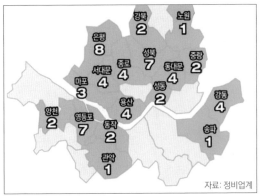

자료: 정비업계

지역	사업소	지역	사업소
송파구	거여 새마을	강동구	천호A1-1, 고덕1, 고덕2-1, 고덕2-2
양천구	신월7동-1, 신월7동-2	강북구	강북5, 번동 148
영등포구	양평14, 당산동6가, 양평13, 신길1, 대림3동, 신길16, 밤동산	관악구	봉천13
		노원구	상계3
용산구	한남1, 원효로1가, 청파동1가, 서계동	동대문구	신설1, 답십리17, 전농9, 용두3
은평구	녹번2-1, 갈현2, 불광동346, 갈현동 12의248, 수색동 289, 불광동 329의13, 수색동 309의8, 증산동 205의33	동작구	흑석2, 본동
		마포구	망원1, 대흥5, 아현동 699
		서대문구	충정로1, 연희동 721의6, 홍제동 360, 홍제동 321의3
종로구	신문로2-12, 숭인1 숭인동 1169, 창신2동	성동구	장안평 중고차매매센터, 금호23
중랑구	중화1, 면목7	성북구	장위8, 장위9, 장위11, 장위12 성북1, 성북5, 삼선3

위는 실제로 공모에 신청한 지역들 현황이다. 이렇게 공모 신청 지역이 드러나면 이 지역들에 실제로 가보고 골목의 노후도, 입지와 환경에 대해 나름의 기준으로 평가해볼 것을 권한다. 이 후보군 중에서 어떤 곳이 선정되는지, 선정되지 않은 곳 중에서 차후 유력한 곳은 어디일지도 추적해보자.

아래는 지난 1월 15일과 3월 30일, 두 차례에 걸쳐 발표된 공공재 개발 후보지 선정 결과다.

공공재개발 후보지 1차 선정 결과

구 역 명	위 치	면 적(㎡)	구역지정	기존세대수	예상세대수
흑석2	동작구	45,229	'08년	270	1,310
양평13	영등포구	22,441	'09년	389	618
용두1-6	동대문구	13,633	'07년	432	919
봉천13	관악구	12,272	'09년	169	357
신설1	동대문구	11,204	'08년	206	279
양평14	영등포구	11,082	'13년	118	358
신문로2-12	종로구	1,248	'83년	-	242
강북5	강북구	12,870	'14년	120	680

* 예상 세대 수는 추후 서울시 도시계획위원회 심의에서 변경 가능

공공재개발 후보지 2차 선정 결과

연번	구역명(가칭)	위 치	면 적(㎡)	토지등소유자수	예상세대수
1	상계3	노원구	104,000	1,100	1,785
2	천호A1-1	강동구	26,548	207	830
3	본동	동작구	51,696	455	1,004
4	금호23	성동구	30,706	327	948
5	숭인동 1169	종로구	14,157	124	410
6	신월7동-2	양천구	90,346	1,599	2,219
7	홍은1	서대문구	11,466	109	341
8	충정로1	서대문구	8,075	99	259
9	연희동 721-6	서대문구	49,745	622	1,094
10	거여새마을	송파구	63,995	691	1,329
11	전농9	동대문구	44,878	632	1,107
12	중화122	중랑구	37,662	446	853
13	성북1	성북구	109,336	1,236	1,826
14	장위8	성북구	116,402	1,240	2,387
15	장위9	성북구	85,878	670	2,300
16	신길1	영등포구	59,379	552	1,510

* 예상세대는 추후 서울시 도시계획위 및 건축위 심의 등을 통해 변경될 수 있으며, 토지등소유자 수는 신청 시 자료 기준으로 일부 상이할 수 있음

이렇게 후보지가 선정된 후에는 투기와 폭등을 방지하기 위해 정부에서 해당 지역을 토지거래허가구역으로 지정하게 된다. 이에 따라 실수요자 외에는 이 지역에 일정 규모 이상 토지를 살 수 없다. 하지만 경매나 공매(압류재산)의 경우는 토지거래허가구역과 상관없이 낙찰, 입찰, 매입이 가능하다는 사실을 기억하라.

'흑석뉴타운 지역을 그때 미리 사뒀어야 하는데.' 하는 식의 똑같은 후회를 언제까지나 반복하고 싶지 않다면, 부지런히 알아보고 도전하는 수밖에 없다. 우리나라의 지난 부동산 역사와 통계가 말해주는 사실에 귀를 기울이라.

PLUS TIP

관심 있는 재건축 단지 진행 상황을 확인하고 싶다면

서울시에서 재개발, 재건축 등 정비사업 추진 과정을 투명하게 공개하기 위해 운영하는 '클린업시스템'이라는 사이트가 있다.

이 사이트에는 현재 재개발, 재건축이 진행되는 지역의 번지수와 어느 단계까지 진행되었는가 하는 구체적인 현황이 나와 있다.

사이트 상단의 '정보공개현황'이라는 카테고리를 클릭하면 서울시의 사업장을 지역별로 검색할 수 있으며, 주요추친경과를 날짜별로 확인할 수도 있다. 예를 들어 특정 지역을 조회했는데, 조합설립인가 단계라고 나온다면 아직 상승 여력이 충분하다고 볼 수 있다. 그런데 이 단계를 지나 사업시행인가나 관리처분인가 단계까지 진행이 되었다면 이미 집값이 너무 많이 상승한 후일 것이다. 이런 경우는 지금이 과연 투자하기 적절한 시기인가를 면밀히 따져보아야 한다.

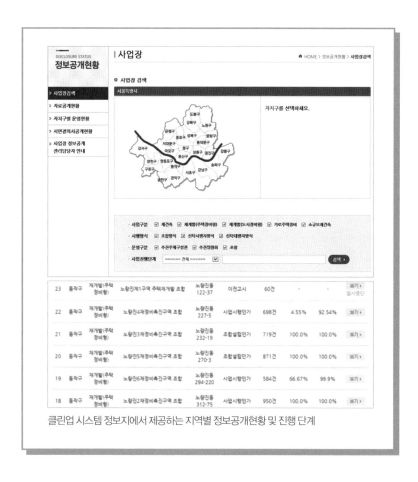

클린업 시스템 정보지에서 제공하는 지역별 정보공개현황 및 진행 단계

초보는 입지를 따지고
고수는 '이것'을 따진다

**입지 꽝, 인프라 꽝.
하지만 중요한 건 따로 있다**

어떤 종류의 수익을 원하는지 미리 생각하라

부동산이 상승기든 하락기든 투자에 관해서는 걱정이 끊이지 않는 것이 사람 마음인 듯하다. 상승기에는 "이미 다 올랐는데 어디에 투자해야 하나요?"라는 질문을, 하락기에는 "불경기라고 아우성인데 어디에 투자해야 하나요?"라는 질문을 많이 받는다. 가끔은 긴급 상담이라며 헐레벌떡 찾아와서 문의하는 분들도 있다. 이럴 때는 난감한 기분이 든다. 투자에 대해 어느 정도 윤곽을 그려놓고 상담을 해도 적지 않은 시간이 소요되는데, 소위 '맨땅에 헤딩' 하는 식의 상담이니 얼마나 많은 시간과 에너지가 들겠는가.

부동산 경매 투자는 아파트, 빌라(다세대주택), 다가구주택, 오피스텔, 상가, 주상복합, 토지 등 그 대상만 해도 여러 가지다.

"이 물건을 낙찰 받으려는 목적이 뭐예요?"라고 했을 때 "가격이 싸서 다시 되팔려고요", "월세 받아 생활비로 쓰려고요", "전세 놓고 자금을 더 회수하려고요." 등 사람마다 대답이 다를 것이다. 첫 번째 대답은 시세 차익용이고, 두 번째는 월세 수익용이며, 세 번째는 전세 수익용이다.

그러니 어떤 목적으로 접근할 것이고, 어떻게 해결해나갈 것인지를 먼저 구상해놓고 입찰해야 한다. 임대 수익용인지 시세 차익용인지, 단기 투자용인지 장기 투자용인지를 말이다. 투자 목적을 정해야 하는 이유는 그래야 물건을 선정할 수 있기 때문이다.

월세가 나오는 대표 부동산은 상가이며 매도 차익의 대표 부동산은 토지다. 투자금이 1억 원(대출 8,000만 원+실 투자금 2,000만 원)이 있다고 해보자. 상가는 월세가 100만 원씩 나오는데 토지는 전혀 나오지 않는다고 가정한다.

상가의 경우, 연 4퍼센트 이율로 계산할 때 월 27만 원의 이자(연 320만 원)가 발생한다. 월세에서 이자를 제하면 한 달에 약 73만 원(연 880만 원)의 수익이 생기니 이 정도면 썩 괜찮다고 흐뭇해할 만하다.

토지는 어떨까? 토지는 수입이 없으므로 고스란히 320만 원의 지출이 생겼다. 대신 토지 값이 1,200만 원 올랐다. 대출이자를 감안하면 결과적으로 1억 880만 원이 된 셈이다. 자, 어떤가? 땅값이 많이 올라 잠이 안 올 정도로 기쁠까? 아마 그렇지는 않을 것이다.

상가에서 나오는 연 880만 원의 수익은 매우 커보였는데 토지에서 이익 본 880만 원은 그저 그렇게 느껴지는 것이 일반적인 심리다. 사람 마음이란 것이 참 오묘하다. 이렇게 같은 수익이 나도 체감하는 정도가 다르기 때문에 부동산의 종류에 따라 투자 목적이 다르며, 다른 시각으로 접근할 수밖에 없다.

논밭 옆에 월세 660만 원의 다가구 주택이?

목적에 따라서는 '부동산은 무조건 입지!'라는 선입견을 허물어야 할 때도 있다. 역에서 가깝고, 학교를 품고 있으며, 근처에 학원가도 형성되어 있는 주택이 좋다는 사실은 굳이 입 아프게 말할 필요도 없는 일이다. 얼마 후 되팔아 큰 시세 차익을 노릴 거라면 그런 물건이 제격이다.

그런데 문제는 입지가 뛰어나게 좋은 집은 남들도 다 알아본다는 것이다. 특히 초보자들이 가장 좋아하는 것이 그런 완벽한 입지의 주택이다. 이런 물건이 경매에 나온다면 어떨까? 경쟁률이 굉장히 세고, 자연히 낙찰가도 상승한다. 그래서 막상 낙찰을 받고 보면 현 시세에서 조금 빠지는 정도인 경우가 흔하다.

그럼 조금 달리 생각해보자. 미래 가치가 그리 높지는 않더라도, 지금 가진 자금을 최대한 활용해 매달 50만 원, 100만 원씩 주머니를 채울 수 있다면 그것도 썩 괜찮은 투자가 아닐까?

주변이 논밭인 한적한 시골 마을의 다가구 주택. 입지를 따질 것도 없는 골목길 안쪽의 물건이 경매에 나왔다. 대부분의 초보자들은 눈길도 주지 않을 이 물건을 살펴보자. 겉으로는 보이지 않는 세상이 보일 것이다.

여주시 현암동의 이 다가구 주택은 실제로 경매에 올라와서 8억 1,924만 원이라는 금액에 낙찰되었다. 한 번 유찰되는 바람에 많은 이들에게 노출이 되었고 경쟁률도 15대 1로 상당히 높은 편이었다. 나는 다른 물건 때문에 법원에 갔다가 우연히 어떤 젊은 부부가 이 물건을 낙찰 받는 현장을 지켜보았다.

이 물건은 워낙에 골목길 안쪽에 위치해서 로드뷰로는 찾아보기도 힘들다. 주변을 살펴보니 저 멀리까지 펼쳐진 논밭과 상당히 오래된 아파트 단지가 보인다. 사거리라고 할 만한 위치에 상가가 있는데 역시 한눈에 봐도 구식 건물이다. 1층의 편의점조차 정식 프랜차이즈가 아니라, 원조를 흉내 낸 가짜 상호를 달고 있다.

해당 다가구 주택이 위치한 한적한 시골 마을 전경

경매 **2019타경4750**

수원지방법원 여주지원 5계(031-880-7449)

다가구(원룸등) 건물전부, 토지지분

매각기일 **2020.05.27** 수(10:00)

경기도 여주시 현암동 179-18 외 1필지 [전자지도] [도로명주소검색]

토지면적	485.5㎡ (146.9평)	소유자	▓▓	감정가	836,547,010
건물면적	700.23㎡ (211.8평)	채무자	▓▓	최저가	(70%) 585,583,000
개시결정	2019-06-07 (임의경매)	채권자	▓▓	보증금	(10%) 58,560,000

오늘: 1 누적: 748 평균(2주): 0

구분	입찰기일	최저매각가격	결과
	2020-03-18	836,547,010원	변경
2차	2020-05-27	585,583,000원	

낙찰 819,240,000원 (97.93%)
(입찰15명,낙찰 라○○) /
차순위금액 815,000,000원

부동산 경매정보지에 올라온 해당 물건

'아니, 입지도 꽝, 인프라도 꽝인 이런 물건을 8억이나 주고 낙찰 받는다고?' 싶은 생각이 드는가? 이 물건의 임차인 현황을 보면 아마도 생각이 바뀔 것이다.

임차인 수가 22명, 임차 보증금 합계가 3억 9,300만 원, 그리고 월세 합계가 261만 원이라고 적혀 있다. 만약 보증금 일부를 월세로 돌린다면 어떨까? 현 임차인들의 월세 현황을 참조하여 보증금 500만

▓▓▓	주거용 일부(2층방1칸)	전입일자: 2019.01.02 확정일자: 미상 배당요구: 2019.07.29	보5,000,000원 월300,000원	없음	소액임차인
▓▓▓	주거용 전부(502호)	전입일자: 2019.05.31 확정일자: 2019.06.10 배당요구: 2019.07.04	보5,000,000원 월350,000원	없음	소액임차인
▓▓▓	주거용 비동 403호	전입일자: 2018.01.19 확정일자: 2018.02.07 배당요구: 2019.07.22	보30,000,000원	없음	소액임차인

임차인수는 22명, 임차보증금합계: 393,000,000원, 월세합계: 2,610,000원

☞기타점유
☞임대차 관계 등을 조사하기 위하여 현장에 임한바 폐문 부재중이라 방문한 취지 및 연락처를 남겼으나 아무런 연락이 없음
☞전입세대열람 내역 결과, 다수의 전입세대주가 존재하여, 임차인으로 보고함

임차인분석
☞▓▓▓(405호)는 전세권자로서 전세권설정등기일은 2018.2.26.임
☞▓▓▓(404호)는 전세권자 겸 확정일자 임차인으로 전세권설정등기일은 2019.5.30.임
☞▓▓▓(306호)는 전세권자로 전세권설정등기일은 2018.5.6.임
☞▓▓▓(402호)는 전세권자 겸 확정일자 임차인으로 전세권설정등기일은 2018.3.8.임
▶매수인에게 대항할 수 있는 임차인 있으며, 보증금 전액 변제되지 아니하면 잔액을 매수인 인수

해당 부동산의 임차인 수와 임차 보증금 합계 현황

부동산 경매정보지에 올라온 해당 물건

'아니, 입지도 꽝, 인프라도 꽝인 이런 물건을 8억이나 주고 낙찰 받는다고?' 싶은 생각이 드는가? 이 물건의 임차인 현황을 보면 아마도 생각이 바뀔 것이다.

임차인 수가 22명, 임차 보증금 합계가 3억 9,300만 원, 그리고 월세 합계가 261만 원이라고 적혀 있다. 만약 보증금 일부를 월세로 돌린다면 어떨까? 현 임차인들의 월세 현황을 참조하여 보증금 500만

▓▓▓	주거용 일부(2층방1칸)	전입일자: 2019.01.02 확정일자: 미상 배당요구: 2019.07.29	보5,000,000원 월300,000원	없음	소액임차인
▓▓▓	주거용 전부(502호)	전입일자: 2019.05.31 확정일자: 2019.06.10 배당요구: 2019.07.04	보5,000,000원 월350,000원	없음	소액임차인
▓▓▓	주거용 비동 403호	전입일자: 2018.01.19 확정일자: 2018.02.07 배당요구: 2019.07.22	보30,000,000원	없음	소액임차인

임차인수는 22명, 임차보증금합계: 393,000,000원, 월세합계: 2,610,000원

☞기타점유
☞임대차 관계 등을 조사하기 위하여 현장에 임한바 폐문 부재중이라 방문한 취지 및 연락처를 남겼으나 아무런 연락이 없음
☞전입세대열람 내역 결과, 다수의 전입세대주가 존재하여, 임차인으로 보고함

임차인분석
☞▓▓▓(405호)는 전세권자로서 전세권설정등기일은 2018.2.26.임
☞▓▓▓(404호)는 전세권자 겸 확정일자 임차인으로 전세권설정등기일은 2019.5.30.임
☞▓▓▓(306호)는 전세권자로 전세권설정등기일은 2018.5.6.임
☞▓▓▓(402호)는 전세권자 겸 확정일자 임차인으로 전세권설정등기일은 2018.3.8.임
▶매수인에게 대항할 수 있는 임차인 있으며, 보증금 전액 변제되지 아니하면 잔액을 매수인 인수

해당 부동산의 임차인 수와 임차 보증금 합계 현황

원에 월세 30만 원으로 계산하면 22가구 660만 원이라는 계산이 나온다.

이 주택은 필로티를 포함한 5층 건물이며, 한 층에 여러 호실이 형성된 복도식 원룸 형태의 주택으로 보인다. 놀랍게도 공실 없이 세입자들이 꽉 차 있어 상당한 월세 수익이 나오는 상태다. 일부 임차인이 나가더라도 한두 달이면 월세가 다시 채워지는 물건이다.

게다가 이곳 여주는 비조정지역이어서 대출이 잘 나온다는 점을 기억해야 한다. 실제로 이 집을 낙찰 받은 부부는 본인 자금이 그리 많이 묶이지 않았을 것이다.

현실적으로 8억까지는 대출이 안 나오지만, 이자를 최대치로 계산하기 위해 대출액을 8억이라 가정해보자. 대출이자를 넉넉잡아 3.5퍼센트라 치면 2,800만 원이다. 월 이자는 약 233만 원. 차 떼고 포 떼도 400만 원이 남는다. 내 돈 안 묶이고 월 400만 원이면 어마어마한 수익률이다(임차인 스물두 명에게서 받은 총 1억 1,000만 원의 보증금으로 대출을 일부 상환할 수 있지만 이는 계산에 넣지 않았다).

물론 이 주택이 서울의 물건보다 시세 차익은 크지 않을 것이다. 서

주택의 외관 모습

울에서 똑같은 규모의 다가구주택이 1억 오를 때 이곳은 1,000만 원 오르면 많이 오른 것이라 봐야 한다. 여유 자금이 있다면 당연히 시세 차익이 가파른 서울 강남의 상가를 구매하는 게 맞다. 혹은 4~5년 허리띠를 졸라맬 각오가 되어 있는 젊은 투자자라면, 당장은 부담이 되더라도 시세 차익이 높은 물건에 도전하는 것이 훌륭한 전략이 된다.

그러나 수익률로만 따진다면 서울 물건은 이 시골 물건을 따라갈 수 없다. 서울은 월세에 비해 건물의 매입 가격이 워낙 높다 보니 수익률이 낮을 수밖에 없다.

그러니 역세권, 학세권, 입지만 따지지 말라. 시선을 어떻게 바꾸느냐에 따라 최소한의 자금으로 한 달에 넉넉한 여유 자금을 확보할 수도 있고, 이를 통해 다음 단계로 도약할 중요한 발판을 만들 수도 있다.

PLUS TIP
다가구 주택과 다세대 주택의 차이
다가구 주택은 건축법에 따라 건축물의 종류상 단독주택에 포함된다. 흔히 원룸이라 부르는 건물이 여기에 속한다. 세대별 구분등기가 안 되며, 건물 전체가 한 명의 소유자에게 속한다.
다세대 주택은 건축물의 종류상 공동주택으로 분류된다. 아파트나 빌라를 생각하면 된다. 세대별 구분등기가 가능하며, 소유자도 여러 명이다.

1부 | 부동산 규제가 심할수록 경매가 답이다

알고 나면 누구나 달려드는 '경매식 갭투자'

사업 실패로 10억을 날린 후 시작한 '경매식 갭투자'

갈림길을 선택하는 최선의 방법

처음부터 투자의 고수였던 사람은 없다. 지금은 베테랑 투자자지만 나 역시 첫 투자를 앞두고 밤잠이 안 올 정도로 망설이던 시기가 있었다. 그 과정을 극복했기에 값진 경험을 쌓았고, 그 경험에 기대어 투자를 지속할 수 있었다. 가보지 않은 길은 두려운 게 당연하다.

인생은 얄궂게도 갈림길의 연속이다. 그 갈림길에서 우리는 선택을 내려야 한다. 내 선택으로 인해 앞으로 일어날 모든 일이 달라질 수 있다. 〈가지 않은 길(The Road not Taken)〉이라는 유명한 시에 이런 구절이 나온다.

"오랜 세월이 지난 후 어디에선가

나는 한숨지으며 이야기할 것입니다

숲속에 두 갈래 길이 있었고

나는 사람들이 적게 간 길을 택했다고

그리고 그것이 내 모든 것을 바꾸어놓았다고"

어떤 길인지 안다면 망설이지 않고 선택할 수 있겠지만, 인생이란 그렇지가 않다. 한 번도 걸어보지 않은 길이기 때문에 매 순간 두렵다. '혹시 잘못된 길로 접어드는 건 아닐까', '저 길에서 어떤 것이 나를 기다리고 있을까.' 하는 생각에 선택의 시간은 길어지기만 한다.

갈림길 앞에서 우리가 할 수 있는 최선은 바로 최대한 정확한 나침반을 구하는 것이다. 투자의 세계에서 나침반은 먼저 투자한 선배 투자자일 수도, 조언을 해줄 전문가일 수도 있다.

10억의 돈을 날리고 새로운 선택을 하다

얼마 전 우리 사무실에 중년의 부인, 신영희 회원님이 찾아왔다. 대학생, 고등학생의 장성한 자녀들을 둔 분이었다. 처음 상담을 하면서 상황을 듣는데 절로 한숨이 나왔다.

대출을 끌어다 야심차게 사업을 벌였는데 운이 따라주질 않았다. 신영희 회원님이 선택한 사업은 동대문의 게스트하우스였다. 건물

하나를 통째로 렌트해서 비싼 인테리어 공사를 하고 새 단장을 마쳤다. 그런데 오픈한 지 불과 몇 달 후 코로나가 전 세계를 휩쓸었다. 80퍼센트를 차지하던 중국 손님들의 발길이 뚝 끊기니 버틸 재간이 없었다. 비싼 임대료만 내다가 몇 달 만에 10억 가까운 투자금을 모두 날리고 사업을 접고 말았다.

부동산 경매로 이 상황을 조금이라도 회복할 수 있지 않을까 해서 우리를 찾아온 터였다. 그렇게 혹독한 일을 겪었는데도 뭔가 달관한 듯, 시종 담담하고 차분한 모습이었다. 아마도 책임질 사람이 있는 슈퍼맘이기에 가능한 것이 아닐까 싶었다.

신영희 회원님은 누구보다 열심히 공부를 한 끝에, 기쁘게도 얼마 후 괜찮은 물건을 낙찰 받았다. 누군가의 중요한 '선택'에 관한 이야기이자, 강력한 정부 규제 속에서도 소액으로 돈을 벌 수 있는 중요한 팁도 함께 담겨 있기에 이 사례를 소개하려 한다.

내 돈 들이지 않고 집주인 되는 '경매식 갭투자'

이 물건은 경기도 안양시의 빌라다. 전용 면적 15.8평에 대지권이 8.6평으로 넓은 편이다. 건물이 3년밖에 되지 않아 깔끔하고, 구조도 트렌드에 맞게 실용적으로 잘 빠졌다. 5층 건물의 5층 집이지만 엘리베이터가 있어 불편함이 없고, 탑층의 특권인 다락이 딸려 있어 요즘 인기 있는 스타일이다.

부동산 경매정보지에 올라온 해당 물건 내용

부동산 경매정보지에서 제공한 사진을 보면 현관 밖 복도에 유모차가 놓여 있는 것으로 보아 신혼부부가 세입자로 살고 있는 듯하다. 명도에도 큰 문제는 없을 것 같다.

최초 감정가는 2억 5,700만 원이었지만 7차까지 유찰이 되면서 최저가는 6,700만 원까지 떨어졌다. 신영희 회원님은 단독 입찰하여 7,100만 원가량에 낙찰을 받았다.

이 집은 사실 대항력 있는 물건이다. 대항력에 대해 쉽게 설명하자면, 경매를 통해 주택의 소유자가 변경되더라도 그 집에 살고 있던 세입자가 기존에 계약한 기간 동안 계속해서 거주할 수 있고, 임차 기간이 종료되면 보증금을 모두 돌려받을 수 있도록 도와주는 '임차인의 권리'다.

이 집의 세입자는 2억 1,000만 원의 대항력이 있는 사람이다. 그리고 대출을 받기 힘든 신영희 회원님이 찾던 것이 바로 이런 물건이었

해당 주택의 외관과 평면도

다. 세입자는 대항력이 있기 때문에 보증금을 다 받고 나가야 한다. 전입일자, 확정일자로 보아 돈을 먼저 받는 데도 문제가 없으며 배당 요구까지 한 상태다.

원칙적으로 낙찰이 되면 낙찰된 금액에서 전액을 배상받아야 하는 데, 만약 받지 못하면 낙찰자가 주어야 한다. 이 건의 경우 세입자는 낙찰가 7,100만 원에서 경매집행비용 200만~300만 원을 제외한 약 6,800만 원을 배당받게 된다. 그러니까 1억 4,000만 원 정도를 낙찰 자에게서 더 받아야 한다. 신영희 회원님은 이 돈이 없지만 낙찰 받는 데 문제는 없다. 어차피 현재 세입자가 전세를 살고 있으니, 향후 전 세 만기가 되면 다음 세입자에게서 보증금을 받아 주면 된다. 그때가 되면 부동산에서도 법무사를 고용해 문제가 없게끔 등기를 만들어서 처리할 것이다.

다시 말해 낙찰 이후 내 돈은 들어가지 않는 셈이다. 목적에 맞게 전세를 놓든 매매를 하여, 현 세입자가 받아야 할 비용을 정산해주는 역할을 맡는다고 보면 된다.

이 집은 현재 시세가 2억 6,000만 원 정도이며 전세가는 2억 2,000만~3,000만 원 정도에 형성되어 있다. 흥행 보증수표라는 월판선이 예정된 만안역이 직선거리로 겨우 130미터라 미래 가치도 충분하다. 당연히 당장 팔지 말고 전세를 유지하면서 오래 가져가야 할 물건이다.

나는 이런 방식을 '경매식 갭투자'라고 부른다. 전세 낀 대항력 있는 물건이 때로 굉장한 가치를 발하는 경우다.

생각해보면 몇 달 만에 10억 원 가까운 돈을 잃고서 또 다른 새로운 선택을 한다는 것이 얼마나 큰 용기가 필요한 일인가 싶다. 선택에 따르는 부담과 두려움을 이겨낸다는 것은 생각처럼 쉽지 않다. 그 고비를 넘은 사람만이 지금의 상황을 변화시킬 수 있을 것이다.

돈 버는 사람과
못 버는 사람의 차이

바닥에서 시작해
경제적 자유에 도달하려면

얻고 잃는 모든 경험을 거치라

스페인의 작가 그라시안(Baltasar Gracian)은 "경험도 없는 사람에게 중요한 일을 맡기지 말라"고 했으며, 영국의 철학자인 존 로크(John Locke)는 "어떤 사람의 지식도 그 사람의 경험을 초월하지 못한다"고 말했다.

왜 경험이 필요할까? 경험은 곧 '다른 세상을 이해하는 능력'이다. 어렸을 때는 모든 것의 옳고 그름이 분명하다. 하지만 성장할수록 그런 구분의 경계가 모호해지는 것을 대부분의 사람들이 느끼게 된다. 누군가의 질문에 'Yes', 'No'가 아니라 '글쎄요……'라는 흐리멍덩한

답을 하는 경우가 늘어난다.

확신 있는 판단을 위해서는 가능한 한 많은 경험을 해보는 것이 중요하다. 투자라는 분야 또한 당연히 그렇다. 실수하고 잃어본 경험, 큰 수익을 내본 경험이 켜켜이 쌓여 내공으로 승화된다.

우리 회원들 중에도 부동산으로 실패나 실수를 경험하고 오히려 더 적극적으로 부동산 경매를 공부하는 분들이 있다.

첫 낙찰 후 보증금만 날린 부부

한 부부가 법원에서 막 낙찰을 받고서 괜찮은 물건인지 한번 봐달라며 사무실을 찾아왔다. 책으로 부동산 경매 공부를 한 뒤 법원에 가서 처음 입찰을 시도했는데 덜컥 낙찰을 받은 것이다.

뿌듯한 얼굴로 낙찰 받은 물건을 보여주는데, 내 입에서는 반갑지 못한 소리가 흘러나왔다.

"……어? 이거, 보증금 날려야겠는데요? 어떡하죠?"

부동산 경매에서 흔히 발생하는 '세대합가' 문제였다. 쉽게 말해, 가족관계의 임차인들이 뒤늦게 세대를 합치면서 대항력 없던 사람의 순위가 변경되어 갑자기 대항력이 생기게 되는 상황이다.

이 물건도 그런 경우였다. 임차인 둘 중 하나는 대항력이 있고 다른 하나는 대항력이 없는 것으로 보였는데, 알고 보니 두 사람이 가족이었고 대항력 없는 사람이 나중에 전입신고를 한 것이다. 법적으로는 가족 중에 한 명이라도 먼저 전입신고가 되어 있으면 더 빠른 날짜를 함께 인정해준다. 이제 후순위 임차인에게도 대항력이 생기면서 이 사람의 보증금까지 같이 물어줘야 하는 상황이었다. 시세보다도 더 비싼 값에 낙찰을 받아야 할 판이었다. 차라리 700만 원이라는 보증금을 포기하고 낙찰을 취소하는 것이 최선이었다.

이런 상황을 맞으면 '에이, 역시 부동산 경매는 할 게 아니야. 내가 다시는 경매를 하나 봐라.' 하며 낙담하는 사람도 있을 것이다. 하지만 이 부부는 실수를 통해 배웠으니 다음에는 더 꼼꼼하게 준비해서 도전해야겠다고 생각했다. 그리고 1년 반 정도가 지난 현재까지 새로운 물건을 여덟 건이나 낙찰 받았다. 처음 잃었던 보증금 700만 원과는 비교할 수 없는 큰 수익을 거둔 것은 물론이다. 정부 규제가 강력해진 최근에는 주택에서 토지로 관심을 돌려 새로운 길을 모색하는 중이다.

세상 모든 일이 그렇듯이 부동산 경매를 시작했다고 해서 일이 마냥 술술 풀리지는 않는다. 낙찰 받은 처음 며칠은 금방이라도 부자가 될 것처럼 기분이 좋지만 어느 순간 더럭 겁이 난다. 이제 명도를 해야 하는데 '잘 살고 있는 사람들을 어떻게 내보내지?' 하는 부담이 밀려오기 때문이다. 명도를 무사히 마친 후에는 한동안 세입자를 찾지 못해 마음고생을 하기도 한다. 매달 대출이자는 꼬박꼬박 나가고 가족들 눈치는 점점 보여서 가시방석이 따로 없다.

부동산 경매를 하는 모든 사람들이 겪는 과정이고 나 역시 마찬가지였다. 하지만 다양한 경험들을 반복하고 나면 '투자에서는 결국 시간이 내 편'이라는 사실을 배우게 되고 마음을 느긋하게 먹을 줄 알게된다.

투자로 돈을 벌지 못하는 이들의 공통점

4년여 동안 베프옥션을 통해 수많은 회원들을 만나면서 느끼는 것이 있다. 같은 교육을 거쳤는데도 누구는 돈을 벌고 누구는 그렇지 못하다. 그 차이는 어디에서 비롯되는 걸까? 종자돈이 작아서 돈을 벌지 못했고, 반대로 큰돈으로 투자를 시작해서 돈을 많이 벌었을까? 살펴보면 전혀 그렇지 않다.

500만 원으로 시작해서 큰돈을 번 분도 있고, 1억 원으로 시작해도 돈을 벌지 못한 분이 있다. 성과가 시원찮은 이들이 흔히 내세우는 핑계는 '운이 없어서' 혹은 '시기를 잘못 만나서', '돈이 없어서' 등이다. 하지만 이는 근본적인 이유가 되지 못한다. 같은 상황에서도 전혀 다른 결과를 낸 사람들이 얼마든 있기 때문이다.

내가 수많은 회원들을 보고 겪은 바에 따르면 돈을 벌지 못하는 이유는 크게 두 가지다.

1. 너무나 생각이 많다
누군가는 자신에게 찾아오는 기회를 멋지게 잘 잡아낸다. 반면에

1부 | 부동산 규제가 심할수록 경매가 답이다

누군가는 아주 좋은 기회가 코앞에서 아른거리는데도 망설이기만 하다가 놓쳐버린다. 이 사람들은 생각을 너무 많이 한다. 생각하는 사이에 기회는 날아가 버리고, 그러면 안타까워하며 새로운 기회를 또다시 기다린다. 하지만 다음 기회라고 해서 다르지 않다. 이번에도 고민만 하다가 또 기회를 놓쳐버린다.

그러니까 이것은 기회의 문제가 아니라 그 사람의 성격 탓이다. 자꾸 뒤로 물러나는 소극적인 사람과, 앞으로 나아가려 하는 적극적인 사람 사이에는 얼마 후 엄청난 간격이 벌어질 것이다.

물론 투자를 할 때는 신중해야 한다. 하지만 신중한 것과 소극적인 것은 큰 차이가 있다. 신중한 사람은 꼼꼼히 살펴보되 일단 선택을 내린 후에는 곧바로 행동하는 사람이다. 만약 감수해야 할 위험이 2고 얻을 것으로 예상되는 이익이 8이라면 기꺼이 8을 선택한다. 하지만 현실에서는 많은 사람들이 2 때문에 주저하다가 8의 이익을 포기하곤 한다.

2. 생각이 부정적이다

이 물건은 이래서 안 되고, 저 물건은 저래서 싫고……. 하염없이 부정적인 말을 쏟아내는 사람이 있다. 물론 물건을 꼼꼼히 살피면 좋겠지만, 자신의 틀에 박혀 거기에 딱 맞는 물건이 아니면 트집부터 잡고 보는 것은 곤란하다.

여기서 생각해볼 것은 '우리가 왜 부동산 경매를 하는가'이다. 우리는 왜 부동산 경매를 할까? 내 맘에 쏙 드는 물건을 낙찰 받기 위해서

인가? 아니면 수익을 내기 위해서인가? 아마도 후자가 대부분일 것이다. 나는 아주 마음에 드는 집인데 수익이 하나도 나지 않는다면 무용지물이다.

우리 회원들을 대상으로 통계를 내보면, 5퍼센트 정도의 사람들은 열심히 공부만 할 뿐 아직까지 단 한 건도 낙찰을 시도하지 않았다. 진정한 경제적 자유를 얻었다고 말할 만한 이들은 30~40퍼센트 정도이며, 나머지 상당수는 한두 건 낙찰을 받고 안주하여 멈추었다.

이런 결과는 비단 부동산 경매에서만 나타나는 것이 아니다. 경영전문대학원으로 유명한 미국 뱁슨 대학의 로버트 론스타트(Rorbert Ronstardt) 박사는 경영학 석사(MBA) 과정을 마친 졸업생들을 대상으로 조사를 했다. 그 결과 사업에 성공한 이들은 전체의 10퍼센트에도 미치지 못했다. 이들의 중요한 공통점은 '용기 내어 도전했다'고 답한 사람들이었다는 것이다.

나머지 90퍼센트의 사람들은 사업에 성공하지 못한 이유를 어떻게 설명했을까? 흥미롭게도 그들 중 다수가 '기다리는 중'이라는 표현을 썼다. 모든 상황이 완벽해질 때까지 기다렸다가 한 번에 성공을 이뤄낼 계획을 세우고 있다는 이야기였다. 이 MBA 졸업생들은 비슷한 실력으로 대학원에 입학했고 똑같은 교육을 받았다. 능력이나 자질 면에서 큰 차이가 없었지만 한쪽은 이미 성공했고 다른 한쪽은 완벽한 상황이 만들어질 때까지 기다리고 있는 중이었다.

실행하지 않은 지식은 아무런 결과를 가져오지 못한다. 꿈은 합리적인 계획을 세워 실행할 때만 현실이 된다. 그러므로 꿈꾸는 삶을 현실로 만들기 위해 무언가를 시작하려 한다면 '지금'보다 더 좋은 때는 없다.

AUCTION IS
ANSWER

딱 한 번만 읽으면
바로 써먹을 수 있는
부동산 경매 A to Z

3장

남들 눈에는 안 보이는 '알짜 물건' 잡는 법

모은 돈 없어도
살고 있는 집 한 채로 시작하는 방법

생활수준을 그대로 유지하면서도
2억 5,000의 종자돈을 확보하다

있는 것은 대출뿐인데 무슨 수로 종자돈을?

부동산 경매 강의를 하다 보면 "재테크를 하고 싶은데 종자돈이 얼마나 있어야 가능할까요?"라는 질문을 많이 받는다. 사실 자금이 적어도 재테크는 얼마든지 가능하다. 나도 500만 원으로 시작했던 시절이 있었으니 말이다.

하지만 현실적으로 종자돈이 적으면 시도할 수 있는 물량이 제한되고 종자돈이 넉넉할수록 도전할 수 있는 물건의 폭이 큰 것은 사실이다. 그래서 내가 생각하는 적당한 종자돈은 3,000만 원 정도다.

그렇다면 당장 이 정도 자금이 없는 경우 돈을 모을 때까지 기다려야 할까? 사실 직장인이 1년에 1,000만 원 모으기가 생각처럼 쉽지 않다. 그러니 2~3년의 시간을 기다려 3,000만 원을 모으는 것이 현명한 방법일까? 물론 묵묵히 저축하면서 기다리는 방법도 있겠지만 지름길을 원한다면 동원할 수 있는 다양한 방법을 고려해야 한다.

어느 날, 김진수 회원님이 재테크 문의 차 나를 찾아왔다. 자산으로는 현재 거주하고 있는 4억 5,000만 원 가량의 아파트 한 채(대출 1억 원)가 있다고 했다. 주택담보대출의 원리금을 상환하고 있는 상황이다 보니 따로 모아놓은 돈은 없었다. 어떻게 하면 재테크를 할 수 있을지 묻는 김진수 씨에게, 현재 살고 있는 아파트를 전세 주고 그 돈으로 투자를 하면 어떻겠냐고 제안했다(팔지 않고 전세를 주는 이유는 더 오를 가치가 있었기 때문이다).

이런 제안을 받으면 이런저런 복잡한 고민을 하게 된다는 것을 잘 안다.

'지금이야 집이라도 있지, 전세 주고 그 돈으로 투자했다 잘못되면 어쩌지?', '전세 주면 집을 나와야 하는데 지금 당장 어디로 이사를 하지?', '월세는 부담스럽고, 그렇다고 전세금 싼 지역은 마음이 선뜻 안 가는데……', '애들 학교도 생각해야지. 같은 지역에서 집을 좁혀서 전세로 들어가야 하나? 그럼 불편할 텐데……'.

김진수 씨도 여러 생각이 교차하는 듯했다. 이사를 한다면 직장과 아이 학교를 고려해서 같은 지역 동일 평형대로 가야겠는데, 이 경우 월세가 80만 원이 넘어 부담이 컸다.

그런 사정을 고려하여, 공매 임대 물건을 공략해보자고 권했다. 공매는 매각뿐 아니라 임대 물건도 진행하기 때문이다.

임대 물건을 찾은 지 며칠 지나지 않아 마침 알맞은 물건이 온비드 국유재산 임대 물건으로 나온 걸 확인했다. 김진수 씨가 현재 살고 있는 아파트 옆 동 물건이었고 평수도 같았는데 임대가는 시세의 2분의 1 수준인 월세 40만 원(연 480만 원)이었다. 우리는 이보다 조금 높은 가격을 써 입찰했고, 결과는 짜릿한 낙찰로 이어졌다.

김진수 씨는 본인이 살던 집을 전세 놓으면서 3억 5,000만 원의 전

온비드에서 '임대'를 클릭해 물건을 검색할 수 있다

세금을 마련했다. 이 돈으로 기존 담보주택대출금 1억 원을 상환하고 나니 2억 5,000만 원이 확보되었다. 지금껏 내던 대출이자는 월 25만 원(연3퍼센트)이었는데, 이제 상환했으니 임대 월세 40만 원만 내면 된다. 다시 말해 월 15만 원의 지출이 늘어난 대신 종자돈 2억 5,000만 원을 확보한 셈이다. 만약 이 종자돈으로 월 15만 원의 수익을 내면 본전이고, 그 이상부터는 무조건 이익인 구조다.

자, 어떤가? 현금 2억 5,000만 원으로 투자할 수 있는 물건은 너무도 많다. 대출을 이용하면 7억~8억 원 이상의 물건도 충분히 구입할 수 있는 자금이다.

종자돈 한 푼 없이 대출이자만 갚아나가던 김진수 씨는 동일한 아파트에 거주하면서 현금 2억 5,000만 원을 확보했다. 그러므로 당장 돈이 없어 재테크를 하지 못한다는 생각부터 버리길 바란다. 현재의 상황에서 더 나은 방향을 모색하면 얼마든 방법이 있다. 투자 수익은 꾸준히 방법을 찾는 사람들에게 찾아오는 달콤한 열매임을 기억하라.

부동산에 나온 '좋은 물건'이 내게 돌아오지 않는 이유

🔑 부동산의 좋은 물건은 임자가 따로 있다

부동산 재테크의 원리는 간단하다. 한마디로 싸게 사서 비싸게 팔면 된다. 싸게 사야 한다니, 부동산 중개사무실에 불쑥 들어가서 좋은 물건이 급매로 나온 것 있는지 찾으면 될까? 결론부터 말하자면 진짜 급매는 여러분에게 돌아가지 않는다.

왜 그런지는 입장을 바꿔보면 쉽게 알 수 있다. 내가 중개사무소 사장님인데, 세금 문제 등으로 빨리 처분해야 하는 급매가 시세보다 5,000만 원이나 싼 가격에 접수됐다고 해보자. 이때 마침 손님 한 분이 중개사무실 문을 열고 들어와서 "사장님, 이 아파트 급매 나온 거 있나요?"라고 묻는다면 어떨까? 반색하며 "아이고, 방금 접수된 급매물이 있어요"라고 말해줄 것인가? 아마 대부분은 그렇지 않을 것이다. 그 손님을 언제 봤다고 쉽게 나오기 힘든 급매를 덥석 주겠는가?

먼저 이 물건은 중개사무실 사장님 본인이나 가족에게 돌아갈 확률이 높다. 물론 매물 접수받은 물건을 본인이 직접 취득하면 공인중개사법 위반이니 명의를 달리하거나, 가족에게 적극 권해 빨리 취득하도록 할 것이다. 이런 기회는 흔치 않으니 말이다.

그런데 사정상 본인이나 가족이 취득하기에 무리가 있다면 어떻게 할까? 바로 사장님에게 이익을 많이 주는 사람에게 물건을 소개할 것이다. 평소에 거래했을 때 중개수수료를 많이 주는 사람들이 보통 여기에 속한다.

그러면 우리도 중개사무실 문을 열고 들어가 "사장님, 여기 아파트 급매 나온 거 있나요? 제가 수수료 두 배(또는 세 배) 드릴게요."라고 한다면 이 물건이 우리에게 올까? 그렇지 않다. 처음 본 사람을 어떻게 믿겠는가? 두 배 준다고 했다가 막상 거래가 끝난 후 안 줘도 할 수 없는 일이다. 설사 두 배를 줬다 해도 "초과중개보수 수수는 공인중개사법 위반인 거 아시죠?"를 무기로 나온다면 어떻게 할 것인가? 꼼짝없이 돌려줘야 한다. 나아가 구청이나 경찰서에 신고라도 한다면 제대로 약점 잡히고 만다.

다시 말해 중개사무실 한곳과 오랫동안 거래를 하며 신용을 쌓지 않고서는, 급매를 타이밍 좋게 낚아챌 요행을 바래서는 안 된다.

이렇게 평범한 사람들은 급매를 노리기 힘들기 때문에, 부동산 경매라는 방법을 통해 시세보다 저렴한 물건들을 구하는 것이다. 그런 점에서 부동산 경매는 우리를 부자의 길로 들어서게 해줄 초석이자 재테크의 기본이 된다.

☛ 경매를 모르는 임차인이 가장 위험하다

부동산 경매를 알아야 하는 또 한 가지 이유는 바로 내 재산을 지키기 위해서다. 돈은 잘 버는 것이 중요할까, 잘 지키는 것이 중요할까? 정답은 양쪽 모두이다.

돈을 아무리 많이 번다 한들 다 새나가면 남는 게 없을 것이고, 있는 돈을 지키지 못해 잃는다면 손해를 넘어서 마음까지 피폐해져 삶이 흔들리는 일까지 발생할 수 있다. 전 재산과 다름없는 보증금을 넣은 집이 경매로 넘어가서 보증금을 회수할 수 없는 상황에 처하면 그야말로 날벼락이다.

주거용 부동산(아파트, 빌라, 단독주택 등)이 경매나 공매로 매각되는 경우를 보면 보통 소유자와 임차인이 거주하고 있는 경우가 반반이다. 즉, 소유자(채무자)가 거주하는 집이 경매로 매각되는 경우가 있고, 소유자와 임대차(전세, 반전세, 월세 등) 계약을 한 임차인이 거주 중인 집이 매각되는 경우가 있다. 이때 관건은 임차인이 보증금을 모두 배당받을 수 있을지 여부다.

선순위 임차인은 배당요구를 하여 경매 매각과 함께 받아야 할 보증금 전액을 배당받을 수 있다(혹시 부족한 보증금이 있다면 낙찰자에게 요구할 수 있다). 혹은 배당요구를 하지 않고, 남은 기간을 그 집에 거주한 후 낙찰자에게서 보증금을 돌려받을 수도 있다.

문제는 후순위 임차인이다. 경매 절차 과정에서 배당요구종기까지 반드시 배당요구를 해야 하는데도 이를 잘 몰라서 시기를 놓치는 안타까운 경우가 종종 발생한다. 설사 기한 안에 배당요구를 하더라도 보증금 전액을 배당받을 수 있을지 여부는 따져봐야 한다. 선순위 권리자가 대부분의 배당을 받아가 잉여배당금이 부족해질 수도 있기 때문이다. 후순위 임차인이므로 대항력이 없어 부족한 보증금을 낙찰자에게 요구할 수도 없다.

이처럼 소유자의 사정으로 집이 경매에 넘어갔는데도 피해는 고스란히 임차인에게 전가된다. 만약 내가 세 들어 살고 있는 집이 경매 절차를 밟고 있는데 임차인 본인이 선순위인지 후순위인지조차 모른다면 금전적으로 억울한 손해를 입을 수밖에 없다.

부동산 경매를 잘 아는 사람은 설사 해당 주택이 경매로 매각되더라도 자신의 보증금 전액을 회수할 수 있는 집을 골라 계약한다. 살던 집이 경매로 진행되는 것을 임차인이 막을 순 없다. 다만, 이때 보증금을 전액 회수할 수만 있다면 임차인 입장에서는 문제 될 게 없다.

따라서 체계적인 부동산 경매 지식을 갖추는 일은, 소중한 임대차 보증금을 지키고 수익은 극대화할 수 있는 중요한 공부가 된다.

적당히 흠 있는 물건이
돈이 된다

겁나는 '위반건축물'이
효자 노릇을 하다

적당히 흠집 난 물건에 눈을 돌리라

마트에서 과일을 사려고 보면 모양이 말끔한 상급 과일보다 조금 못
나거나 상처가 난 과일이 훨씬 저렴하다. 가구점에 가도 비슷한 광경
이 펼쳐진다. 매장에 전시되어 사람들 손을 탄 가구나, 기능은 멀쩡한
데 표면에 살짝 흠이 있는 가구들은 정상가보다 한참 낮은 가격에 할
인해서 판매한다.

하지만 1등급 과일을 사더라도 집으로 가지고 오는 도중에 멍이 들
수 있다. 공장에서 갓 만들어져 나온 깨끗한 가구도 집에 들여놓은 지
하루도 안 돼 아이들의 장난감에 부딪혀 흠집이 날 수 있다. 일부러

높은 가격을 주고 샀는데 결과적으로는 흠 있는 저렴한 물건들과 다를 바 없는 셈이다.

부동산의 원리도 마찬가지다. 내 눈에 좋아 보이는 물건은 남의 눈에도 좋아 보이는 법이다. 그래서 권리분석이 쉬운 물건, 시세가 투명하게 드러나는 아파트에 입찰자가 많이 몰린다. 하지만 이래선 진정한 수익을 얻기 어렵다. 겉으로 보아 조금 흠이 있지만 사실 시간이 지나거나 비용을 조금 들이면 문제가 해결되는 물건들이 있다. 이 기회를 잘 잡으면 남들보다 훨씬 저렴하게 낙찰을 받아 그만큼 많은 수익을 거둘 수 있다.

'돈 되는 흠'이란?

그렇다면 살짝 흠 있는, 돈 되는 물건들이란 어떤 것일까?

1. 재매각 물건을 공략하라

재매각 사건이란 누군가 낙찰을 받았지만 사정에 의해 낙찰자가 잔금을 치루지 못해 다시 경매가 진행되는 사건을 말한다. 이런 경우 전 낙찰자의 입찰보증금 10퍼센트는 법원에 몰수된다. 전 낙찰자가 보증금을 날리면서까지 잔금 납부를 포기했다니 뭔가 중대한 하자가 있다고 느끼는 초보자들은 재매각 물건에 입찰하길 꺼려한다. 게다가 재매각인 경우 입찰보증금이 20퍼센트(법원에 따라 30퍼센트인 곳도 있다)인 경우가 많아 부담이 더욱 가중된다.

잘못 낙찰 받기라도 하면 큰 액수의 보증금이 몰수당하니 초보자들은 더욱 겁을 내는 경향이 있다. 하지만 생각을 바꿔보면 재매각 사건은 꽤 매력적이다. 이전 입찰자가 몇 명이었는지, 1등과 2등의 금액 차이는 어땠는지도 알 수 있기 때문에 속이 뻔히 보이는 물건이다. 이 정보를 활용해 경쟁력 있는 입찰가로 낙찰을 받을 수 있을 뿐 아니라, 간단한 권리분석만으로 하자를 미리 보완할 수 있다. 그래서 다년간 부동산 경매를 해본 베테랑 입찰자들은 재매각 물건을 더욱 선호한다.

2. 임차인이 많은 물건을 겁내지 말라

초보자일수록 명도를 걱정한다. 한 명의 임차인 명도에도 가슴이 두근거리는데 임차인이 많으면 더더욱 부담이 커진다. 명도 처리에 애먹을 걱정 때문에 대부분 입찰을 망설이므로, 임차인이 많은 물건은 임차인이 적거나 없는 물건에 비해 저가에 낙찰되는 경우가 많다. 하지만 다수의 임차인이 주택임대차보호법상 소액 임차인들이라면 낙찰 대금에서 다른 채권자보다 최우선적으로 배당을 받기 때문에 문제가 없는 경우가 많다. 오히려 세입자가 배당을 받길 원해 낙찰자에게 빠른 명도확인서를 부탁하기도 하니 지레 겁먹지 말고 꼼꼼히 분석한 후 입찰하는 자세가 필요하다.

3. 특수한 권리들이 있는 경우를 눈여겨보라

유치권, 법정지상권, 선순위 임차인, 지분 등 특수해 보이는 권리들이 있으면 더 이상 고민할 것 없이 다른 물건을 찾는 분들이 많다. 그러다 보니 이런 물건은 유찰이 잦다. 하지만 겉으로만 문제가 드러나 있을 뿐 해결 가능성이 높은 물건이라면 이런 하자 덕분에 훨씬 싸게 살 수 있으니 눈여겨볼 필요가 있다.

4. 감정가가 낮은 신건을 찾아보라

사람들이 물건을 검색할 때 1회 이상 유찰된 물건을 설정하고 고르는 경우도 많다. 유찰이 한 번 될 때마다 가격이 떨어지기 때문이다. 따라서 감정가가 낮은 물건을 신건에 공략하는 방법은 경쟁자를 물리칠 수 있는 좋은 기회가 된다. 다만, 평소 끈기 있게 물건을 검색해야 하며 발 빠르게 정확한 시세를 파악해야 제대로 수익을 얻을 수 있다.

위반 건축물에 임차인은 네 명이나?

이번에 소개할 사례는 30대 대기업 직장인 박인호 씨의 이야기다. 경매로 나온 수많은 물건들을 어떤 기준으로 평가하고 선택해야 하는지에 관해 중요한 팁이 담겨 있으니 주의 깊게 들어주길 바란다.

박인호 씨는 아직 미혼인 새내기 사회인이지만, 직장에만 안주해서는 중년 이후가 불안정할 수 있다는 생각을 일찍부터 하고 있었다. 월급 이외에 안정적인 수익원을 만들어놓아야겠다는 생각 끝에 부동산 경매를 시작하게 되었다.

2년 차 직장인이라 모아둔 자금이 많지 않았지만, 마침 회사에서 주택구입자금을 무이자 1억 원 한도로 빌려주는 정책이 있어 이를 적극 활용하기로 했다. 경매로 주택을 취득하면서 추가로 담보대출을 받으면 충분하겠다 싶었다.

그렇게 박인호 씨의 입찰 물건을 찾던 중 서울 광진구의 빌라(다세대주택)가 눈에 들어왔다. 4층에 위치한 해당 세대의 가장 큰 장점은 입지가 좋다는 것이다. 지하철 5호선, 7호선의 더블 역세권인 군자역과 도보로 5분 거리에 위치한 매력적인 곳이었다.

이 집은 전용면적 57.8제곱미터(약 17평)로 방 두 개, 욕실 한 개를 갖추었다. 대지권은 33.47제곱미터(약 10평)였으며 건축된 지 10여 년 된 연식으로 외관이 깔끔한 빌라였다. 큰 평수는 아니어서 신혼부부나 가족 수가 적은 가구가 살 수 있는 구조다. 그런데 법원에서 제시한 임차인 현황에는 어찌 된 일인지 네 명의 주민등록이 등재되어 있었다.

해당 주택의 모습(부동산 경매로 나온 세대는 4층의 한 호수)

목록	구분	사용승인	면적	이용상태	감정가격	기타
건물	5층중 4층	08.08.06	57.8m² (17.49평)	방2, 욕실1	171,000,000원	• 도시가스보일러 난방
토지	대지권		297.5m² 중 33.47m²		114,000,000원	
현황 위치	• "중곡1동주민센터" 남측 인근에 위치하는 다세대 주택으로서, 주변은 단독주택, 연립주택, 다세대주택, 아파트, 근린생활시설 등이 혼재 하는 지역으로서 주위환경은 보통임. • 본건까지 차량출입이 가능하며, 근거리에 노선버스정류장 및 지하철역(5호선,군자역)이 소재하는 등 대중교통사정은 보통임. • 본건은 인접필지와 등고평탄한 세장형의 토지로서, 다세대주택 건부지로 이용중임. • 본건 북서측으로 노폭 약 6미터 내외의 포장도로와 접함.					

전용면적 표시

임차인 현황 말소기준권리일 2008-09-08 소액임차기준일 2008-09-08 배당요구종기일 2018-03-19

임차인/대항력	점유부분	전입/확정/배당	보증금/월세	예상배당액 예상인수액	비고
●●● 없음		전입 : 2011-10-31 확정 : 2011-10-31 배당 : -	보증 : 200,000,000	배당액 : 177,720,000 미배당 : 22,280,000 인수액 : 없음	임차권등기자
●●● 없음	주거	전입 : 2017-12-26 확정 : 2017-12-26 배당 : 2018-02-26	보증 : 20,000,000	배당액 : 0 미배당 : 20,000,000 인수액 : 없음	
●●● 없음	주거	전입 : 2018-01-02 확정 : 2018-01-02 배당 : 2018-03-05	보증 : 20,000,000	배당액 : 0 미배당 : 20,000,000 인수액 : 없음	경매기입등기일 이후 전입
●●● 없음	주거	전입 : 2018-01-02 확정 : - 배당 : -		배당액 : 미상 미배당 : 미상 인수액 : 없음	경매기입등기일 이후 전입
			총보증금 : 240,000,000		

네 명의 임차인이 등재돼 있다

경매 초보자는 한 명 명도하기도 겁이 나는데 네 명이나 등재돼 있
으니 꺼려지는 것이 당연했다. 게다가 이 주택의 또 다른 단점은 건축
물대장에 있었다. 건축물대장을 발급해보면 '위반건축물'이라는 글
씨가 보란 듯이 적혀 있었다.

결론적으로 작은 규모의 빌라에 임차인 넷이 등록돼 있으며 건물
은 위반건축물이다. 초보 경매인에겐 결코 쉽지 않은 대상이었다. 안
전한 물건도 많은데 군이 이렇게 위험해 보이는 물건에 입찰을 감행
할 이유가 있을까 싶을 것이다.

■ 건축물대장의 기재 및 관리 등에 관한 규칙 [별지 제5호서식]<개정 2017. 1.20.>

집합건축물대장(전유부, 갑) 위반건축물

(2쪽 중 제1쪽)

고유번호	1121510100-3-02590013	민원24접수번호	20181012 - 48304126	명칭		호명칭	402
대지위치	서울특별시 광진구 중곡동		지번	259-13	도로명주소	서울특별시 광진구 긴고랑로12길 56	

전유부분

구분	층별	※구조	용도	면적(㎡)
주	4층	철근콘크리트구조	다세대주택	57.8
		- 이하여백 -		

소유자현황

성명(명칭) 주민(법인)등록번호 (부동산등기용등록번호)	주소	소유권 지분	변동일자 변동원인
고영주 580319-2******	서울특별시 광진구 긴고랑로12길 5 5, 501호 (중곡동)	1/1	2013.08.21 소유권이전
- 이하여백 - ※ 이 건축물대장은 현소유자만 표시한 것입니다.			

공용부분

구분	층별	※구조	용도	면적(㎡)
주	지1	철근콘크리트구조	창고	6.71
주	각층	철근콘크리트구조	계단실	9.71
		- 이하여백 -		

이 등(초)본은 건축물대장의 원본 내용과 틀림없음을 증명합니다.

발급일자: 부동산법보자
전 화: 02 - 460 - 7747

발급일자: 2018년 10월 12일

광진구청장

※ 경계벽이 없는 구분점포의 경우에는 전유부분 구조란에 경계벽이 없음을 기재합니다.

'위반건축물'이 등재된 해당 주택의 건축물대장

변동일	변동내용 및 원인
2008.08.11	2008. 8. 6 사용승인되어 신규작성(신축)
2008.11.14	위반표시(주택과-22462, 2008.11.14):402호 판넬/샤시구
	조 주거용(25.3㎡) 무단건축(2008민원)
	- 이하여백 -

건축물대장에 기록된 위반 사항 상세 내역

남들과 다른 생각이 수익을 안겨준다

'같은 생각을 하면 그 상황에 머물 뿐이다.'

내가 늘 강조하는 말이다. 이 물건은 대부분 꺼릴 것이므로 입찰자가 적을 것이 분명했다. 하지만 실제로 임장(현장을 방문하여 두루 살피는 일)을 해보니 생각보다 아주 괜찮은 물건이었다. 일단 방이 두 개가 아닌 세 개 구조라는 사실을 찾아냈다. 또한 위반건축 면적 8평 정도가 더해져 웬만한 아파트 34평 크기에 해당했다. 감정가는 2억 8,500만 원이지만 시세는 3억 5,000만 원이 넘게 형성되어 있었다.

위반건축물 물건을 볼 때 주의해야 할 것은 기준이 되는 날짜다. 건축주가 위반건축물을 원상복구하지 않을 때 강제이행금이 부과되는데 예전에는 이 규제가 지금처럼 강력하지 않았다. 위반 면적이 85제곱미터 미만인 경우에만 강제이행금이 5년 이내로 부과되며(이 기간은 각 시마다 조례가 다르다) 그 이후로는 소멸되었다. 그러다가 일정 기간 후에는 아예 양성화를 시켜주기도 했다.

하지만 2019년 4월 23일부터는 규제가 대폭 강화되었다. 감경할 수 있는 면적이 85제곱미터에서 60제곱미터로 축소되었으며, 무엇보다 시정 조치가 될 때까지 강제이행금을 기한 없이 계속 내야 한다. 결코 만만히 볼 내용이 아니다.

중요한 것은 이 날짜 이전에 위반건축물로 등재되어 강제이행금 고지서가 한 번이라도 발송된 물건이라면, 원래의 법으로 소급 적용된다는 점이다. 경우에 따라서는 이미 강제이행금을 완납하여 더 이상 내지 않아도 되는 물건도 있다.

우리가 염두에 둔 물건은 10년이나 되었기에 강제이행금에서 자유로운 상태였다. 아마도 이것이 아무 문제 없는 일반적인 빌라였다면 경쟁자가 몰려들어 신건에 낙찰되었을지도 모른다. 하지만 위반

소재지	서울 광진구 중곡동 259-13 4층 402호 [긴고랑로12길 55] 도로명 검색				
물건종류	다세대	사건접수	2017.12.29	경매구분	강제경매
건물면적	57.8㎡ (17.48평)	소유자	▓▓	감정가	285,000,000원
대지권	33.5㎡ (10.13평)	채무자	고OO	최저가	(80%) 228,000,000원
매각물건	건물전부, 토지전부	채권자	▓▓	입찰보증금	(10%) 22,800,000원

입찰 진행 내용

물건 사진 사진 더 보기

구분	입찰기일	최저매각가격	상태
1차	2018-10-29	285,000,000	유찰
2차	2018-12-03	228,000,000	낙찰

낙찰 253,319,999원 (89%)
(응찰 : 3명 / 낙찰자 : ▓▓ / 차순위 : 250,000,000)
매각결정기일 : 2018.12.10 - 매각허가결정
대금지급기한 : 2019.01.24
대금납부 : 2019.01.23 / 배당기일 : 2019.02.27
배당종결 : 2019.02.27

해당 경매 사건 내역

건축물이라는 사실과 네 명이나 되는 임차인 때문에 이번 사건은 입찰자가 적을 것이라 예상했다. 물론 이 물건에 입찰하는 고수들이 두세 명은 있을 것이고 그들도 터무니없이 높은 가격을 쓰진 않을 테니, 최저가보다 살짝 높은 입찰가를 적도록 했다. 과연 결과는 어땠을까? 예측이 맞아 떨어져 세 명의 입찰자 속에 차순위 금액과 300만 원 차이로 낙찰을 받았다.

이곳은 더블 역세권이라 향후 가치가 더욱 상승할 것으로 예상돼 계속 보유하기로 하고 전세를 놓았다. 전세 시세는 3억 6,000만 원 정도였지만 위반건축물 등을 감안해 시세보다 3,000만 원 낮게 내놨고, 그 전략이 잘 맞아떨어져 3억 3,000만 원에 계약이 수월하게 이뤄졌다. 낙찰 받고도 오히려 8,000만 원의 돈이 더 회수된 셈이다. 이 자금은 다른 경매 물건을 낙찰 받는 데 요긴하게 쓰여 박인호 씨는 돈을 한 푼도 들이지 않고 역세권에 두 채의 집을 소유하게 되었다.

　이 사례는 발상의 전환이 답임을 잘 보여준다. 다른 입찰자들처럼 안전한 물건만 찾았다면 경쟁률이 높아 번번이 고배를 마셨을 것이다. 그렇다고 변호사라도 된 듯 판례까지 깊이 공부하면서 어려운 물건을 찾아내라는 이야기가 아니다. 요즘 같은 시대에는 공개된 정보만으로 그 내용을 충분히 식별하고 판단할 수 있다. 그런데도 많은 사람들이 작은 문제만 있어도 그 물건을 아예 보려고 하지 않는다.

　그러니 거꾸로 접근하여 처음부터 흠이 있는 물건에 주목해보라. 어찌 보면 이는 흠이 아닌 덤일 수도 있다. 원래 가격보다 훨씬 저렴하게 구매하여 그만큼의 차익을 얻을 수 있으니 말이다.

경매의
기본 원리

🔑 경매개시결정이 되기까지

경매를 통해 부동산이 매각되는 경우 소유자는 '우리 집이 경매에 넘어갔다', 심지어 '경매로 뺏겼다'라는 표현을 흔히 쓴다. 그렇다면 어떤 절차에 의해 소유자 입장에서는 원치 않는 경매 절차가 진행되는지 알아보자.

부동산 경매는 근본적으로 돈을 빌려준 채권자와 돈을 빌린 채무자의 관계에서 시작된다. 약속한 대로 이자(또는 원리금)를 잘 갚는다면 아무 문제가 없다. 하지만 사람 일을 누가 장담하겠는가. 직장을 잘 다니다가 갑자기 실직할 수도 있고, 하루아침에 사업이 무너질 수도 있다. 돈을 빌릴 때는 향후 수입이 들어오리라 예상했지만 일이 안 풀려 빌린 돈을 갚지 못하고 이자가 연체되는 일이 발생한다.

독촉을 계속하는데도 채무자가 갚질 못하고 연체가 지속되면 채권자는 돈을 회수하기 위해 해당 부동산 소재지의 관할 법원에 경매신청을 한다(보통 은행은 3개월 정도 연체가 지속되면 경매 신청을 한다). 한마디로 '법원에서 채무자의 부동산을 팔아주시면, 채권자인 저는 거기서 빌려준 만큼의 돈을 받아가겠습니다'라는 표현이다. 경매 접수를 받은 법원은 외부에 이 부동산이 경매 절차에 들어갔음을 알리기 위해 관할 등기소에 연락하고(이를 '촉탁'이라 한다), 해당 등기사항전부증명서(줄여서 '등기부'라고 표현)에 '경매개시결정' 등기를 올린다. 이에 따라 경매가 접수된 부동산의 등기부에는 경매개시결정등기가 기록된다.

🔑 임의 경매 vs 강제 경매

임의 경매와 강제 경매의 가장 큰 차이는 채권자가 경매를 바로 신청할 수 있는지, 아니면 법원의 판결을 먼저 받아야 하는지에 있다. 채무자가 약속한 기간 안에 돈을 갚지 않으면 물권(물건에 대한 절대적 권리)을 갖춘 채권자는 누구의 허락 없이 바로 경매를 신청할 수 있는데 이렇게 진행되는 경매가 임의 경매다. 경매를 신청할 수 있는 권리(물권)로는 저당권, 근저당권, 전세권 등이 있다(예외적으로 유치권은 법정담보물권이지만 등기부에 설정되지 않는다).

임의 경매와 달리 강제 경매는 법원의 소송을 거쳐 채권자가 채무자를 상대로 승소 판결을 받은 후에 이루어진다. 이 집행권원으로 채권자가 채무자의 부동산을 압류하여 경매를 신청하고 진행하는 방식이다.

| 7 | 가압류 | 2019년11월20일
제141640호 | 2019년11월20일
의정부지방법원
고양지원의
가압류
결정(2019카단1
582) | 청구금액 금6,427,584 원
채권자 삼성카드 주식회사 110111-0346901
서울 중구 세종대로 67 (태평로2가)
(신촌콜렉션) |
| 8 | 임의경매개시결정 | 2019년12월30일
제165949호 | 2019년12월30일
의정부지방법원
고양지원의
임의경매개시결
정(2019타경718
12) | 채권자 주식회사예가람저축은행 110111-3221960
서울 강남구 테헤란로 419, 2층
5층(삼성동, 강남파이낸스플라자) |

'임의경매개시결정'이 기록된 등기부

순위번호	등 기 목 적	접 수	등 기 원 인	권리자 및 기타사항
			고양지원의 가압류 결정(2019카단1 681)	광명시 디지털로 56, 101동 504호(철산동, 철산래미안자이)
3	강제경매개시결정(2 번가압류의 본압류로의 이행)	2020년4월6일 제53692호	2020년4월6일 의정부지방법원 고양지원의 강제경매개시결 정(2020타경636 02)	채권자 [ ]-****** 경기도 광명시 디지털로 56, 101동 504호(철산동, 철산래미안자이)

'강제경매개시결정'이 기록된 등기부

만약 공증을 받은 경우라면 소송 없이 바로 강제 경매 신청이 가능하다. 공증이란 특정한 사실이나 내용을 공적으로 증명하는 행위로, 다양한 금전 거래 시에 안전한 진행을 위해 계약 증서로 서류를 작성하는 것을 말한다. 공증을 하려면 양측이 합의한 내용을 적은 서류 또는 차용증 원본, 도장과 신분증을 지참하여 양측의 당사자가 공증 사무소를 방문하면 된다.

결과적으로 임의 경매와 강제 경매는 채권자가 경매를 신청하는 방식이 다를 뿐 경매 진행 과정은 모두 똑같다.

🔑 은행이 기다려줄 수 없는 이유

은행은 일반적으로 3개월 이상 이자가 연체되면 경매를 진행한다. 채무자와의 관계 때문에 조금 더 기한을 주기도 하지만 이는 예외적인 경우다. 여기서 궁금증이 생긴다. 은행은 이자를 통해 이익을 거두는 기관이다. 정상 이자보다 연체 이자가 네다섯 배 이상 더 높다는 사실을 감안하면, 경매를 진행하기보다 연체 이자를 청구하면서 기다리는 편이 은행 입장에서는 더 유리한 것 아닐까? 굳이 왜 경매를 진행하는 걸까?

여기에는 은행도 나름의 사정이 있다. 은행은 은행감독규정에 의해, 연체 기간에 따라 대출채권을 다섯 가지(정상, 요주의, 고정, 회수의문, 추정손실)로 분류해야 한다. 이 분류에 따라 대출 금액 대비 일정 금액을 대손충당금으로 적립해야 한다. 대손충당금이란 대출금에서 받지 못할 것으로 예상하여 장부상으로 처리하는 금액을 말한다.

예를 들어 은행에서 2억 원의 대출을 해주었을 때 이 규정에 따라 2억 원의 대출금에 대한 대손충당금을 설정해야 한다. 정상적으로 이자를 잘 내는 '정상' 대출채권의 경우 대손충당금 적립비율이 1퍼센트이다. 만약 '요주의'에 해당하면 10퍼센트, 3개월 이자가 연체되는 '고정'에 해당하면 20퍼센트로 대손충당금의 비율이 높아진다. 다시 말해 연체 기간이 길어질수록 은행의 부담도 늘어난다.

더 큰 문제는 대손충당금 적립 금액이 많아지면 자기자본비율(BIS)의 저하로 은행의 대외 신뢰도에 문제가 생기고 유동성이 축소되며, 부실 채권을 관리하느라 많은 인력이 투입돼 업무 능률도 떨어지게

대손 충당금	대출 계정	정상	요주의 (1개월~3개월 미만 연체)	고정 (3개월 이상 연체)	회수의문 (3개월 이상~ 12개월 미만 연체)	추정손실 (12개월 이상 연체)
최저적립 비율	가계 대출	1% 이상	10% 이상	20% 이상	55% 이상	100% 이상

은행업감독규정제29조

된다는 사실이다. 이런 이유로 은행은 '고정'에 해당하는 3개월 이상 연체 채권을 경매로 넘기는 것이다.

　은행은 이런 부실채권(NPL)을 특성에 따라 분류하여 몇 개의 군으로 묶거나, 또는 일괄하여 한 묶음으로 모아 국제입찰방식(POOL)이나 개별 매각을 통해 유동화회사나 자산관리회사(AMC)로 넘기게 된다. 경매 사건을 보면 채권자는 ○○은행인데 경매 진행 도중 ○○유동화나 ○○에이엠씨로 채권자 이름이 변경되기도 하는데 바로 이런 경우에 해당한다.

경매 법정에서는
딱 요것만 조심하면 된다

초보자들이 빠지기 쉬운 법정 안의 함정

이왕 온 김에 낙찰이나 받자?

필요한 식재료나 생필품이 한두 개 있어서 대형마트에 갔다가 나올 때는 양손에 한 짐을 들고 나온 적이 다들 있을 것이다. 왜 이런 일이 생겼을까? 물건을 보니 사고 싶은 마음이 들기도 했겠지만, 더 중요한 원인은 '온 김에'라는 심리다. 마트에 오기 위해 이왕 시간과 에너지를 들였으니, 그 참에 두루 물건을 사 가는 게 더 효율적이라고 생각하는 것이다. 중복되는 낭비를 싫어하는 것은 사람의 본성이라 할 수 있다.

그런데 부동산 경매를 할 때도 마찬가지 심리가 작용한다. 막상 법원에 오면 낙찰 받고자 하는 욕구가 강해진다. 부동산 경매는 입찰 방식이라서 낙찰을 장담할 수 없기 때문에 더 그렇다. 내가 지금껏 열심히 알아보고 힘들여 법원까지 왔으니 뭐라도 낙찰을 받아야겠다는 일념이 생기는 것이다.

그래서 적정 수준보다 훨씬 높은 입찰가를 써내는 경우도 종종 일어난다. 그러나 마음에 생긴 독은 스스로를 위험에 빠트린다. 이렇게 물건의 가치와 가격을 무시하고 무조건 낙찰을 받으려 하다가는 사고가 생긴다.

특히 초보자들은 경매 법정에 가면 사람들이 꽤 많은 것에 먼저 놀란다. 저 사람들이 다 내 경쟁자인 것 같아 마음이 흔들리지만 그래도 눈 딱 감고 소신대로 입찰서를 제출한다. 하지만 결과는 패찰이다.

'그래, 한 번은 떨어질 수 있지……'

아쉽지만 애써 담담한 척하며 법원을 빠져나온다.

며칠 후 다음 물건을 위해 법원을 찾고, 이번에도 떨리는 마음을 부여잡으며 입찰서를 제출한다. 하지만 결과는 또 다시 패찰이다.

'뭐 이제 시작한 지 얼마나 됐다고. 다음에는 꼭 되겠지.'

이번에도 아쉽게 발걸음을 돌린다. 하지만 다음번에도, 그 다음번에도 패찰이 이어지면 슬슬 오기가 발동한다. 그동안은 수익을 위한 가격을 적었다면 점점 낙찰을 위한 가격을 적기 시작한다. 그러다 보면 성의에 보답이라도 하듯 떡하니 낙찰로 이어진다. '드디어 해냈다'는 뿌듯함에 당당히 법대에 나가 낙찰 영수증을 받아들고 나온다.

자, 그 다음은 어떻게 될까? 낙찰은 받았지만 결과는 참담하다. 상담할 겸 부동산 중개사무실을 찾아가면 낙찰 받기 전과는 딴 세상이 펼쳐진다.

"아이고, 요즘 그보다 4,000만 원 더 싸게 내놓은 집도 한 달 넘게 안 나가고 있어요."

어떻게든 낙찰 받고 싶은 욕심에 경쟁심리까지 발동해 고가 입찰이 속출하지만 그 결말은 너무도 뻔하다. 울며 겨자 먹기로 떠안거나 잔금을 미납하며 입찰보증금을 몰수당하는 것이다.

입찰의 순간에 경계해야 할 '지르기'

소재지	경기 용인시 기흥구 공세동 692 공세호수마을공세성원상떼레이크뷰아파트 105동 6층 602호 [동탄기흥로 864]				
	도로명 검색				
물건종류	아파트(80평형)	사건접수	2019.07.05	경매구분	강제경매
건물면적	215.75㎡ (65.26평)	소유자	▩	감정가	356,000,000원
대지권	0㎡	채무자	장OO	최저가	(70%) 249,200,000원
매각물건	건물전부	채권자	현대개발산업(주)	입찰보증금	(30%) 74,760,000원

입찰 진행 내용

구분	입찰기일	최저매각가격	상태
1차	2020-05-13	356,000,000	낙찰
	낙찰 362,000,000원 (102%)		
	(응찰 : 1명 / 낙찰자 : 더큰산업개발(주))		
	매각결정기일 : 2020.05.20 - 매각허가결정		
	대금지급기한 : 2020.06.25 - 미납		
2차	2020-07-21	356,000,000	유찰
입찰변경	2020-09-04	249,200,000	변경
3차	2020-10-15	249,200,000	낙찰
	낙찰 311,000,000원 (87%)		
	(응찰 : 2명 / 낙찰자 : ▩ / 차순위 : 261,012,000)		
	매각결정기일 : 2020.10.22 - 매각허가결정		

물건 사진　사진 더 보기

낙찰가가 높아 잔금을 미납한 모습 (예시)

앞의 사례를 보면 낙찰자는 감정가 3억 5,600만 원의 아파트를 1차에서 감정가를 넘는 3억 6,200만 원이라는 금액에 낙찰 받았지만 결과적으로 대금을 미납했다. 이후 재매각이 진행되었고, 3차에서 3억 1,100만 원에 누군가가 다시 낙찰을 받았다. 하지만 입찰자가 두 명인데 차순위 가격이 2억 6,100만 원임을 감안하면 그리 좋은 가격에 낙찰 받은 것은 아닌 듯싶다. 그렇다고 대금을 미납하면 7,400만 원(재매각으로 30퍼센트)의 입찰보증금이 몰수당하니 어찌되었든 대금을 납부할 것으로 보인다.

당부하고 싶은 것은, 진정한 수익을 내려면 심리전에서 지지 말아야 한다는 점이다. 수익을 위해 부동산 경매를 하지 그저 낙찰 받기 위해 경매를 하는 것은 아니지 않은가. 아무리 여러 건 낙찰을 받더라도 남는 게 없거나 오히려 손해를 보면 경매를 할 이유가 없다. 한 건을 낙찰 받아도 오롯이 수익이 남는 물건에 입찰해야 한다. 또한 수익이 날 가격을 적어야 한다.

하지만 번번한 패찰 속에 오기가 작동해 적정한 가격보다 훌쩍 넘는 금액을 적는 사람들이 많다. 우리끼리 하는 말로, 이런 경우 가격을 '적는다'가 아니라 '지른다'라고 표현한다. 흔들리는 심리에 가격을 무작정 지르지 말고 냉철한 판단 속에 신중하게 적어야 한다. 부동산 경매, 한 번 하고 말 게 아니기 때문이다.

입찰 전에
사건 목록을 확인하자

☞ 입찰 전에 사건 목록을 확인하자

매각기일 법원에 도착하면 가장 먼저 할 일은 해당 사건의 진행 여부를 확인하는 것이다. 당일 오전 10시부터 경매를 진행하는 것이 관례지만 더러는 매각 진행 직전에 채무자가 채권을 변제하여 경매가 취하되기도 하고, 채권자의 요청으로 매각기일이 변경되는 경우도 있다. 이를 모르고 입찰하게 되면 무효가 되므로 괜한 수고를 한 셈이다. 따라서 입찰 전에 경매 법정 입구에 게시돼 있는 당일 진행 사건 목록을 먼저 확인하는 습관을 들이면 좋다.

게시판에 입찰할 해당 사건번호가 적혀 있으면 법정에 들어가 입찰하면 된다. 만약 해당 사건이 없는 경우 그냥 돌아가지 말고 사진을 찍어두도록 한다. 드물지만 5분 뒤에 헐레벌떡 경매계장이 뛰어와 목록을 바꾸는 경우도 있기 때문이다. 이런 경우 경매가 진행되지 않

게시판에 당일 진행하는 사건이 게시돼 있다

는 줄로만 알고 돌아갔던 예비 입찰자는 이를 증빙하여 이의를 제기
할 수 있다.

간혹 해당 사건 옆에 '취하', '변경' 등이 수기로 기록되는 경우도 있
는데, 이런 경우 법대 앞에 나가 집행관에게 다시 확인하는 게 좋다.
간혹 다른 입찰자가 방해공작으로 오표시를 적는 경우가 있다. 이를
예방하기 위해 일부 법원은 게시판에 잠금장치를 설치하기도 하지
만, 그대로 노출되어 있는 법원도 많다.

🔑 부동산 경매 사건은 언제든 취하될 수 있다

경매가 신청됐더라도 매각이 되지 않았다면 언제든 취하가 가능하
다. 통상 경매 신청부터 신건의 매각기일까지 6개월 이상 소요되는
데, 이렇게 긴 시간이 소요되는 이유는 여러 가지다.

첫째, 경매가 신청되면 해당 법원은 부동산에 경매개시결정 등기를 하고 감정평가를 한다. 이에 따라 집행관이 현장을 방문하는 등의 일정에 따라 시간이 소요된다.

둘째, 법원은 채무자 및 등기상 권리자들에게 경매가 개시됐음을 알리는 등기를 송달한다. 이때 송달이 한 번에 이뤄지면 문제가 없지만 송달 대상자가 많은 경우 송달이 지연되는 경우가 발생한다.

셋째, 해당 주소에 임차인이 살고 있으면 임차인의 권리신고 및 배당요구 기간이 주어진다. 이 기간이 보통 1~2개월 이상 소요되어 그만큼 경매가 지연된다.

넷째, 경매는 관할 법원에서 매각을 진행한다. 비슷한 날짜에 신청되는 경매 사건은 많고 법원은 한 곳이다 보니 매각 날짜가 뒤로 밀리는 경우가 많다.

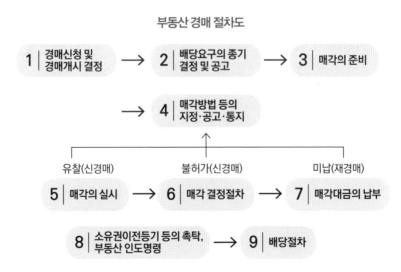

부동산 경매 절차도

2019 타경 52819 (임의)		매각기일 : 2020-12-14 10:00~ (월)			경매2계 02-2204-2406	
소재지	(05503) 서울특별시 송파구 잠실동 27 잠실주공아파트 제503동 제8층 제803호 [도로명] 서울특별시 송파구 송파대로 567, 제503동 제8층 제803호 [잠실동 27 잠실주공아파트]					
용도	아파트	채권자	장OO		감정가	2,070,000,000원
대지권	80,98㎡ (24,5평)	채무자	김OO		최저가	(100%) 2,070,000,000원
전용면적	110,81㎡ (33,52평)	소유자	김OO		보증금	(10%)207,000,000원
사건접수	2019-06-11	매각대상	토지/건물일괄매각		청구금액	75,000,000원
입찰방법	기일입찰	배당종기일	2019-08-26		개시결정	2019-05-10

기일현황

회차	매각기일	최저매각금액	결과
신건	2020-06-01	2,070,000,000원	변경
신건	2020-08-24	2,070,000,000원	변경
신건	2020-12-14	2,070,000,000원	취하
최종기일 결과 이후 취하된 사건입니다.			

취하공고 ▶ 취하일자 : 2020-12-10

취하내용	2020.12.10, 부동산임의경매 취하/취소

취하된 부동산 경매 사례 (예시)

취하는 경매를 신청한 채권자가 하는 것이다. 해당 경매 사건을 신청한 원인이 해결될 때 취하를 하게 되는데, 대표적으로 채권액을 회수한 경우가 그렇다.

위 사례의 경우 감정가가 11억 9,000만 원인데 채권자의 청구금액은 6,000만 원에 불과하다. 이 금액을 중도에 변제했기 때문에 사건이 취하되었다. 이렇게 채권액이 적은 경우 특히 취하 가능성을 염두에 두고 접근해야 한다. 열심히 물건 조사를 했다가 나중에 맥이 풀릴 수도 있다.

채권액이 적은 강제 경매는 취하 가능성이 높다

강제 경매는 일반 채권으로 인한 판결문 또는 공증문서에 의해 경매가 진행되는 경우로, 임의 경매에 비해 상대적으로 채권액이 적은 경우가 많다. 강제 경매는 채권을 회수할 목적으로 신청하기도 하지만 채무자를 압박하려는 하나의 방법인 경우도 흔하다. 따라서 채권액이 적은 강제 경매는 매각 전 채권을 변제하고 경매가 취하되는 경우가 많다는 사실을 알아두어야 한다.

'설마' 하는 실수에
수천만 원이 오간다

아찔한 경매 실수를 예방하려면

숫자 '0' 하나의 무서움

입찰표에 입찰 가격을 적을 때는 특히 신중해야 한다. 4억 1,000만 원을 적는다는 것이 숫자 '0'을 하나 더 쓰면 41억 원에 입찰한 꼴이 되어서 터무니없이 높은 가격에 낙찰이 돼버리고 만다. 결국 잔금을 미납할 수밖에 없어 수천만 원에 달하는 입찰보증금을 몰수당하는 사태가 벌어진다.

'설마 그런 실수를 하겠어.' 싶겠지만 다음의 자료에서 보듯 종종 일어나는 일이다.

소재지	서울 서대문구 홍은동 186-25 서강아파트2차 12층 1202호 [연희로41길 152] 도로명 검색				
물건종류	아파트(53평형)	사건접수	2018.10.29	경매구분	임의경매
건물면적	139.58m² (42.22평)	소유자	⬛	감정가	566,000,000원
대지권	57.9m² (17.51평)	채무자	김OO 외 1명	최저가	(64%) 362,240,000원
매각물건	건물전부, 토지전부	채권자	중소기업은행	입찰보증금	(20%) 72,448,000원

입찰 진행 내용

구분	입찰기일	최저매각가격	상태
1차	2019-07-09	566,000,000	유찰
2차	2019-08-13	452,800,000	유찰
입찰변경	2019-09-24	362,240,000	변경
3차	2019-10-29	362,240,000	낙찰

낙찰 4,139,900,000원 (731%)
(응찰 : 3명 / 낙찰자 : ⬛⬛⬛ / 차순위 : 421,000,000)
매각결정기일 : 2019.11.05 - 매각허가결정
대금지급기한 : 2019.12.06 / 미납

4차	2020-01-07	362,240,000	낙찰

낙찰 430,430,000원 (76%)
(응찰 : 7명 / 낙찰자 : ⬛⬛⬛ / 차순위 : 428,500,000)
매각결정기일 : 2020.01.14 - 매각허가결정
대금지급기한 : 2020.02.20
대금납부 : 2020.02.03 / 배당기일 : 2020.03.19
배당종결 : 2020.03.19

물건 사진   사진 더 보기

41억 원에 낙찰됐다 미납된 사례

당일, 낙찰자(최고가매수신고인)가 결정되면 일주일 후에 매각허가결정 여부가 나온다. 이때 매각 허가가 나오면 꼼짝없이 대금을 납부해야 하며, 다행히 매각 불허가 결정이 나면 입찰보증금을 돌려받게 되고 해당 경매는 다시 진행된다.

참고로, 매각 불허가 사유는 강제 집행을 허가할 수 없을 때, 집행을 계속 진행할 수 없을 때, 매각물건명세서상의 중대한 흠이 있을 때, 경매 절차에 그 밖의 중대한 결점이 있는 경우에 해당하며 이때 직권으로 매각을 불허가 할 수 있다.

숫자 '0'을 실수로 하나 더 쓰는 경우는 아무리 하소연을 하고 매각 불허가 신청을 해도 받아들여지지 않는다. 과거에는 실수로 인정되기도 했지만 2010년 대법원 판례에 따라 이후에는 인정되지 않으므로 입찰표를 작성할 때는 특히 신중해야 한다. 덧붙이자면, 이런 실수를 한 경우 입찰표 오기입이라는 사유보다는 부동산의 하자 등 다른 문제를 들어 '미납'이 아닌 '매각불허가'를 신청하는 편이 훨씬 승산이 있다.

예상배당표를 믿지 말라

전화로 급하게 상담을 해오는 분들 중에 유료 부동산 경매정보지의 예상배당표만 믿고 낙찰을 받았다가 곤란에 처했다는 경우가 종종 있다. 사이트에서 제공하는 예상배당표만 봤을 때는 낙찰자가 추가로 인수해야 할 돈은 없다고 나와 있었는데 실제로는 그렇지가 않다는 것이다.

낙찰된 금액에서 배당이 어떻게 이루어질 것인지를 정리한 것이 예상배당표인데, 이를 통해 혹시라도 낙찰자가 추가로 인수해야 할 금액이 있는지 가늠할 수 있다. 그런데 문제는 유료 부동산 경매정보지가 제공하는 예상배당표에 오류가 흔하다는 것이다.

낙찰자 입장에서 신경 쓸 것은 대항력 있는 임차인이 배당요구를 할 때다. 경매기일에 낙찰을 받고 나면 낙찰된 금액에서 채권 우선순위에 따라 배당을 하게 되는데, 대항력 있는 임차인이 순위에서 밀려 보증금 일부를 받지 못하는 상황이 벌어질 수 있다. 이렇게 되면 그

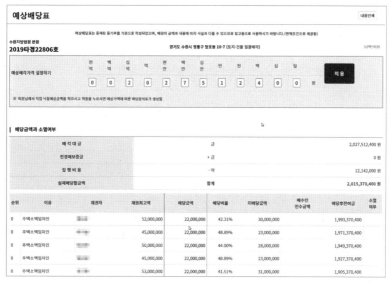

유료 부동산 경매정보지에서 제공하는 예상배당표의 예

부족한 금액은 낙찰자가 따로 마련해서 지급해야 한다. 예상치 못한 돈이 지출되므로 이는 아주 중요한 문제다.

다음 페이지의 경매 배당순위를 먼저 살펴보자.

대항력 있는 임차인은 4순위이므로, 앞선 순위에서 배당이 먼저 이루어진 후 잔액이 모자라면 보증금의 일부, 혹은 전체를 변제받지 못하게 된다.

얼마 전 전화로 급하게 상담을 요청했던 분의 경우, 임금채권이 문제였다. 예상배당표에는 나와 있지 않아서 몰랐는데 몇 십 명의 임금채권이 얽혀 있었다고 한다. 임금채권은 배당순위에서 2순위에 해당하므로, 법적으로 임금 3개월치를 낙찰금에서 변제해주어야 한다.

0순위	경매 집행비용 : 경매 진행에 필요한 비용으로 인지대와 등기부 발급비용 등을 포함
1순위	필요비, 유익비 : 임차인이 해당 부동산을 보존하거나 가치를 높이기 위해 들인 비용
2순위	최우선 변제금액 : 소액임차보증금 채권(소액임차인의 최우선변제금), 최종 3개월분의 임금 및 최종 3년분의 퇴직금 및 재해보상금
3순위	당해세 : 해당 물건에 부과되어 미납된 지방세, 국세 및 가산금 등
4순위	우선변제권 : 대항력 있는 선순위 임차보증금, 당해세를 제외한 지방세 국세 전세권 저당권 등
5순위	일반 임금채권 : 2순위에 해당된 금액을 제외한 기타임금, 채권 및 퇴직금
6순위	일반 조세채권 : 전세권, 저당권 등 담보물권보다 후순위인 국세, 조세채권, 가산금 등
7순위	공과금 : 국민연금보험법, 의료보험법에 의한 보험료 등 공과금
8순위	과태료, 일반채권 : 강제 경매 신청 채권, 가압류 채권 등

경매 배당순위

임금을 최저시급으로 따져 200만 원이라 쳐도 열 명이면 6,000만원, 수십 명이면 억 단위의 액수가 빠져나간다. 이들에게 먼저 변제를 해주고 나면 순위에서 밀리는 대항력 있는 임차인은 배당을 받을 수 없기 때문에 그 금액은 낙찰자에게 고스란히 인수된다.

3순위인 당해세도 마찬가지다. 해당 부동산에 관련된 미납 세금이 때에 따라서는 몇 억이 될 수도 있다.

오른쪽 표에서 '체납상당액'이라는 이름으로 표기된 항목이 보이는데 액수는 공란 처리되어 있다. 체납액의 구체적인 내용과 액수는 직접적인 이해관계자만 알 수 있는 사항이라 명확히 표기하지 못한 것이다.

그 내용을 자세히 파악하지 않은 채 예상배당표만 믿고서 덜컥 입

					%			
0	주택소액임차인		47,000,000	22,000,000	46.81%	25,000,000		1,333,370,400	
0	주택소액임차인		50,000,000	22,000,000	44.00%	28,000,000		1,311,370,400	
0	주택소액임차인		55,000,000	22,000,000	40.00%	33,000,000		1,289,370,400	
0	주택소액임차인		50,000,000	22,000,000	44.00%	28,000,000		1,267,370,400	
1	압류	동수원세무서장	체납상당액	교부신청액	%	0	0		소멸
2	근저당 (신청채권자)		924,000,000	924,000,000	100.00%	0	0	343,370,400	소멸
3	확정일자부 주택임차인		23,000,000	23,000,000	100.00%	0	0	320,370,400	소멸
4	확정일자부 주택임차인		28,000,000	28,000,000	100.00%	0	0	292,370,400	소멸
5	확정일자부 주택임차인		5,000,000	5,000,000	100.00%	0	0	287,370,400	소멸
6	확정일자부 주택임차인		23,000,000	23,000,000	100.00%	0	0	264,370,400	소멸
7	확정일자부 주택임차인		31,000,000	31,000,000	100.00%	0			

예상배당표에 표기된 '체납상당액' 항목

찰을 한다면 나중에 낭패를 볼 수 있다. 그러므로 예상배당표는 그저 참고용으로만 삼아야 한다.

입찰보증금 적는 법

부동산 경매는 관할 법원에서 입찰 방식으로 진행한다. 입찰 시작 시간은 오전 10시이며, 입찰 마감 시간은 오전 11시 10분인 경우가 많다. 다만 법원에 따라 입찰 마감 시간이 11시 15분, 혹은 11시 20분인 경우도 있으니 사전에 확인하는 게 좋다.

매각기일에 법원 경매 호실에 참석해 입찰 봉투를 제출하면서 입찰 절차가 시작된다. 이때 입찰 봉투 안에는 작성한 기일입찰표(도장 날인)와 입찰보증금(매수신청보증금봉투)을 넣는다. 대리인이 참석하는 경우 대리인 란을 작성한 후 위임장과 본인의 인감증명서를 첨부해야 한다.

입찰할 때는 반드시 입찰보증금을 첨부해야 한다. 보증금은 입찰 가격의 10퍼센트가 아닌 최저매각가격의 10퍼센트라는 점에 주의한다.

예를 들어 1회 유찰된 어느 물건의 최저매각가격이 3억 4,000만

기일입찰표 예시

원이라 할 때, 나는 3억 7,500만 원으로 입찰하고 싶다면 입찰보증금은 3,750만 원이 아닌 3,400만 원이 된다.

입찰보증금은 계좌이체 할 수 없으며, 당일에 수표 한 장으로 준비해 입찰 봉투에 넣어 제출해야 한다. 보증금을 3,400만 원보다 더 많이 넣는 것은 유효하지만 단 1원이라도 적게 넣으면 무효가 된다. 만약 최저매각가격보다 더 많이 제출했는데 낙찰이 되면, 당일 오후 차액만큼이 낙찰자 계좌로 이체된다. 따라서 너무 딱 맞게 입찰보증금을 준비하는 것보다는 차라리 더 여유 있게 넣는 편이 낫다.

예를 들어 최저매각가격이 2억 3,845만 500원인 경우라면, 보증금은 2,384만 5,050원이 되는데 이럴 때 끝자리를 실수하기가 쉽다. 혹시라도 착각해서 50원이 모자란 2,384만 5,000원을 준비했다면 설사 최고 가격을 적었다 해도 무효 입찰이 되고 만다.

PLUS TIP

입찰보증금이 10퍼센트가 아닌 경우도 있다

일반적으로 최저매각가격의 10퍼센트만큼 입찰보증금을 준비하는 게 맞지만, 재매각(전 낙찰자가 대금을 미납해 다시 매각이 진행되는 것) 등의 사유에 해당하는 경우 특별 매각 조건으로 입찰보증금을 20퍼센트, 혹은 30퍼센트 요구하는 경우도 있다. 이런 경우 매각물건명세서의 비고란에 기록되니 꼭 이에 맞게 입찰보증금을 준비해야 유효한 입찰이 된다.

매각물건명세서 비고란에 '특별매각조건 매수신청보증금
최저매각가격의 20퍼센트'라고 적혀 있다

2부 | 딱 한 번만 읽으면 바로 써먹을 수 있는 부동산 경매 A to Z

낙찰 받은 집을 남들보다
더 빨리 더 비싸게 파는 법이 있다

더 좋은 금액에, 더 빨리
물건을 매도하는 노하우

집을 선택하는 안주인의 눈에 들게 하라

고급 음식점일수록 플레이팅(음식을 담아내는 과정)에 신경을 많이 쓴다. 음식을 아름답게 내는 것 또한 요리의 일부라고 생각하기 때문이다. '보기 좋은 떡이 맛도 좋다'는 속담은 요리뿐만 아니라 부동산에도 적용된다.

낙찰 받은 집을 매매하거나 임대하는 상황을 상상해보자. 부동산 중개사무실에 집을 내놨을 때 대부분 부부가 보러 올 것이다. 이때 누구의 마음에 들어야 계약이 성사될까? 바로 아내다. 남편에게 집이란 잠을 자는 곳이지만 아내에게 집은 생활하는 곳이기 때문이다. 실제로 남편 마음에 들어도 아내가 반대하면 계약이 이뤄지지 않고, 남편은 탐탁지 않게 생각하지만 아내의 마음에 들면 계약이 이뤄지는 경우가 많다.

이런 사람을 보통 '결정권자'라고 말한다. 주택은 특히 아내가 결정권자이므로 아내의 마음에 들도록 해야 한다. 주부들은 보통 주방과 욕실에 중점을 두는 경우가 많다. 따라서 다른 곳은 몰라도 이 두 곳만큼은 말끔해야 한다.

이처럼 욕실과 주방을 말끔하게 손봐 놓으면 거래가 훨씬 쉽다. 간

수리 전 욕실의 모습들

수리한 욕실의 모습들

2부 | 딱 한 번만 읽으면 바로 써먹을 수 있는 부동산 경매 A to Z

오래된 씽크대 모습들

교체한 씽크대 모습들

혹 비용이 많이 들 것을 걱정해 낡은 상태 그대로 집을 내놓는 경우가 있는데, 실제 수리를 해보면 생각처럼 큰 비용이 들진 않는다. 욕실 한 곳당 150만 원, 주방의 씽크대는 100만~200만 원 정도로 교체가 가능하다. 욕실 두 곳과 주방 씽크대를 모두 교체하더라도 500만 원의 예산 안에서 충분히 가능하다.

그런데 이렇게 수리를 해놓으면 매매 시에도 500만 원 이상을 더 받을 수 있으며, 이는 임대를 놓을 때도 마찬가지다. 게다가 다른 집들보다 훨씬 빨리 거래가 성사되니 재투자 기회의 폭도 더 넓어진다.

물건번호가 많은 사건을 주의하자

물건번호는 하나의 채권에 딸린 여러 개의 담보물권을 나눠 매각하면서 각 담보물마다 번호를 부여한 것이다. 예를 들어 30호의 오피스텔로 구성돼 있는 한 동 건물 전체를 담보로 대출을 받았는데 채무 변제가 되지 않을 경우 채권자(은행)는 한 동을 통으로 매각할 수도, 각 호수별로 나눠 매각할 수도 있다.

전자라면 절차가 간단하긴 하지만 자본력이 큰 사람만 입찰할 수 있을 것이며, 후자라면 절차가 번거롭긴 하지만 소자본으로도 입찰할 수 있으니 많은 입찰자가 발생할 것이다. 이렇게 각 세대를 구분 매각할 때 부여되는 번호가 물건번호다. 경매사건번호가 2020타경1234일 때, 101호는 2020타경 1234⑴, 102호는 2020타경 1234⑵······ 1003호는 2020타경 1234⑶으로 부여되는 식이다.

이렇게 물건번호가 많은 사건은 다음의 사항들을 주의해야 한다.

물건번호가 여럿인 부동산 경매 사건의 사례

1. 기일입찰표에 정확히 명시해야 한다

물건번호가 여러 개 있는 사건에 입찰할 때는 반드시 기일입찰표에 물건번호까지 정확히 적어야 해당 호수에 맞는 입찰을 하게 된다. 간혹 착각해서 물건번호를 잘못 기재하는 경우가 있는데 이렇게 되면 엉뚱한 물건에 입찰한 결과가 된다.

2. 배당이 늦을 수도 있다

해당 건물에 누가 거주하느냐에 따라 낙찰되는 시기가 다르다. 채무자 또는 대항력 없는 임차인이라면 적절히 유찰된 후 낙찰되겠지만, 대항력 있는 임차인이 배당요구하지 않은 경우 해당 보증금을 낙찰자가 인수하므로 하염없이 유찰된 후에야 낙찰될 것이다(시세가 임차보증금보다 낮은 경우 낙찰되지 않을 수도 있다).

또한 법원 배당은 모든 부동산이 매각된 후 동시에 배당을 실시하므로 먼저 낙찰 받은 낙찰자는 잔금을 납부하고도 수개월에서 수년까지 배당기일이 안 잡히는 경우도 있다.

3. 인도명령이 늦어진다

인도명령이란 정당한 권리가 없는 점유자(소유자 및 대항력 없는 임차인 등)가 해당 부동산의 인도를 거부할 경우, 부동산을 인도받기 위해 법원으로부터 받아내는 집행권원을 말한다.

그런데 물건 번호가 많은 사건의 경우, 먼저 낙찰 받은 낙찰자가 잔금 납부 후 해당 부동산에 거주하는 채무자 또는 대항력 없는 임차인을 상대로 인도명령을 신청해도 전체 부동산이 매각될 때까지 인도명령결정이 늦어진다(인도명령신청은 대금납부 후 6개월 안에 해야 한다). 따라서 낙찰자는 이자를 꼬박꼬박 부담하면서 부동산의 명도는 사용하지도 못하는 상황에 처할 수 있다. 해당 물건에 거주하는 임차인이 재계약을 하려는 의지가 강한 경우여야만 명도에 대해 우려를 덜 수 있다.

4장

제대로 봐야 돈이 된다, 임장과 시세 조사의 기술

내가 전국 곳곳
물건을 보는 이유

한 달 늦어
5억을 손해 보는 사람들

요지경 경매 시장, 시선을 넓히라

사람들에게서 가장 많이 받는 질문으로 빼놓을 수 없는 것이 바로 "지금은 어느 지역을 봐야 하나요?" 하는 것이다.

그런데 부동산 경매 시장은 일반 매매 시장과는 조금 다른 접근이 필요하다. 물론 다음에 오를 곳, 같은 지역 안에서도 돈이 더 될 만한 곳을 따져서 낙찰 받는다면 더할 나위 없이 좋을 것이다.

하지만 일반 부동산 거래가 정상적인 가격을 치르고서 시간을 들여 기다린 뒤 수익을 거두는 과정이라면, 부동산 경매는 시세보다 항상 저렴하게 사서 처음부터 차액을 확보한다는 개념이다.

그렇기 때문에 추후 가격이 상승할 만한 이슈들에 주목하기보다, 폭넓은 전수조사를 통해 가격이 가장 매력적인 물건을 최대한 빨리 발굴하는 것이 부동산 경매에서는 더 중요하다.

다음의 사례를 함께 살펴보자.

부동산 경매로 나온 해당 물건 현황

얼마 전에 낙찰된 경기도 고양시 덕양구의 물건이다. 최초감정가는 10억 9,600만 원이 넘는다. 그런데 유찰을 거듭해 4차에 3억 7,600만 원 가까이 떨어질 때까지 아무도 입찰을 하지 않았다. 4차에 이르자 뒤늦게 이 물건에 관심을 보인 사람들이 몰렸고, 결국 열아홉 명이나 입찰하여 11억이 넘는 금액에 낙찰되었다.

만약 한 달 전인 3차 때 이 물건을 미리 확인해서 단독 입찰했다면 어땠을까? 5억 원대에도 충분히 잡을 수 있었을 것이다.

이 물건이 이렇게 유찰을 거듭한 이유는, 아직도 부동산 경매를 하는 사람들 중 대다수가 '이왕이면 미래 가치가 있는 물건', '내가 아는 동네' 위주로 검색을 하기 때문이다.

여기서 사람들이 간과하는 것이 있다. 인기가 없는 지역일지라도 10억 시세의 물건을 6억에 낙찰 받아 8억에 매도한다면, 결과적으로 빠른 시간 내에 괜찮은 수익을 거둘 수 있다는 사실이다.

해당 지역을 조금 더 살펴보면 고양시 끝자락에 위치한 외진 곳이다. 타운하우스들이 즐비한 동네이며, 제2외곽순환도로에서도 꽤 멀리 떨어져 있다.

이 물건은 성격이 뚜렷하다. 기존에 학원에서 보유하다가 내놓은 것으로, 노출 콘크리트 스타일로 멋지게 건물을 지어 올렸고 도로도 끼고 있다. 외진 곳에 있어도 사업에 지장 없는 업종을 시도한다면 충분히 승산이 있을 듯하다. 나만의 사옥이 필요한 경우라면 땅을 포함

해당 건물의 외관 모습

해 멋진 새 건물까지 동시에 구입할 수 있는 절호의 기회가 아니었을까 한다.

4차에 입찰을 시도했던 열아홉 명 가운데 한 명이라도 평소 전국 물건을 전수조사하는 습관을 들였더라면 더 저렴한 가격에 미리 낙찰 받지 않았을까 하는 아쉬움이 남는다.

유찰이 계속되면 점점 더 많은 사람들이 해당 물건을 보게 된다. 100명이 보았던 물건이 1,000명, 만 명에게 노출되어 경쟁률도 자연히 높아질 수밖에 없다.

그러니 내가 아는 지역만이 아니라 전국적으로 폭넓게 검색하는 습관을 들일 것을 권한다. 그러다 보면 권리분석상 큰 문제가 없는데도 시세보다 많이 떨어진 것들이 눈에 띌 것이다.

부동산 경매는 획일적이지 않다는 것이 재미이자 장점이다. 5,000만 원에 나온 아파트인데 월세가 50만~60만 원인 물건이 있는가 하면, 어떤 지역은 3억짜리 아파트인데도 월세가 똑같이 50만 원인 동네도 있다.

비싸게 창고를 샀는데 월세를 평당 만 원밖에 못 받는 경우도 있고, 저렴한 창고인데 수요가 많아서 월세를 평당 3만 원 받는 곳도 있다. 부동산 경매 시장은 한마디로 전국이 요지경이라 할 만하다. 그렇기에 다양한 전국 물건을 수시로 보아야 한다.

'내가 본 거면 남들도 이미 봤겠지?' 싶을 수 있지만 예상 밖에 단독 입찰이 되어 어부지리로 좋은 물건을 손에 넣는 일은 종종 일어난다.

단독 입찰, 떨지 말고 즐기라

부동산 경매 초보자와 경력자의 차이 중 하나는 단독 입찰을 즐기느냐, 두려워하느냐 하는 것이다. 단독 입찰 상황이 되면 초보자는 당황한다. 최고가매수인의 보관금 영수증을 받으러 법대 앞으로 나가면서도 갖은 생각이 떠오른다.

'왜 단독 입찰이지? 혹시 내가 알아채지 못한 무슨 문제가 있는 거 아냐?'

권리분석의 문제도 없고 시세 파악도 잘했는데, 단지 혼자 입찰했다는 점이 영 맘에 걸린다. 기뻐야 할 낙찰이 전혀 기쁘지 않다. 찜찜함을 떨쳐버리지 못한 초보자는 고민 끝에 결국 잔금 납부를 포기하면서 보증금을 날리기도 한다.

하지만 경력자는 다르다. 단독 입찰을 즐기며, 아예 단독 입찰을 염두에 두고 최저가 근처의 가격으로 입찰해 낙찰 받는 고수들도 있다. 실상 어떤 물건에 단독 입찰했다는 사실은 가치를 알아보는 사람이 그만큼 적다는 뜻이므로, 저가에 낙찰 받아 고수익을 올릴 수 있는 기회가 된다.

신건을 조사하는 훈련을 꾸준히 하라

물론 많은 물량을 한꺼번에 검색하는 것이 쉽지는 않다. 여기서 한 가지 팁을 말하자면 '신건'부터 검색하라는 것이다. 신건 같은 경우는 14일 동안만 올라왔다가 낙찰되면 사라진다. 14일 동안 이 물건을 못 보고 지나가는 이들도 꽤 많다는 이야기다.

신건의 감정가는 최소 6개월 전에 책정된 것이다. 요즘 같은 상승기에는 시세가 감정가보다 웬만하면 높은 상태다. 심지어 1년, 2년 전 감정가로 저렴한 가격에 올라오는 물건들도 있는데 이렇게 가격이 좋은 것들은 신건에 바로 사라지곤 한다. 여러 번 유찰된 물건만 찾기보다 이렇게 매력적인 신건을 공략하는 것이 때로는 더 효율적일 수 있다.

부동산 경매는 물건 검색과 시세 조사가 곧 생명이다. 아무리 오랫동안 공부를 해도 좋은 물건을 순발력 있게 찾아내지 못하면 소용이 없다. 하루에 일정 시간을 할애해 시세 조사를 꾸준히 하면서 속도감 있게 분석하는 훈련을 할 것을 권한다.

경매 물건
이렇게 검색하라

부동산 경매 물건은 관할 법원에 접수되므로 대한민국법원 법원경매
정보 사이트(www.courtauction.go.kr)에서 검색할 수 있다. 민간 업체
들이 운영하는 유료 부동산 경매정보지(지지옥션, 굿옥션, 스피드옥션 등)
등을 이용할 수도 있는데 이런 곳들은 법원경매정보 사이트에서 정
보를 가져와 권리분석, 등기부 열람, 전입세대 열람, 기존 경매 사례
결과 등의 서비스를 부가적으로 제공한다. 일단은 무료인 법원경매
정보 사이트를 이용하다가 본인에게 맞는 유료 경매 사이트를 선택
하여 가입하는 것도 좋은 방법이다.

  또한 유료 사이트를 이용하더라도 입찰 전에 법원경매정보 사이트
에서 반드시 최종적으로 확인하는 습관을 들이는 것이 좋다. 경매 사
건의 실시간 변경 사항은 법원경매정보 해당 사건 내역에 제일 먼저
반영되기 때문이다.

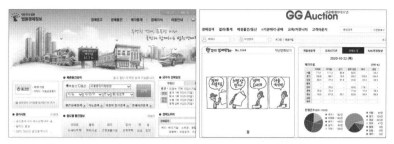

법원경매정보 홈페이지   지지옥션 홈페이지

굿옥션 홈페이지   스피드옥션 홈페이지

   실제 매각 당일 오전 10시 전까지는 해당 경매 사건이 취하, 또는 변경될 수 있기 때문에 당일 아침 입찰하러 법원에 가기 전에 반드시 법원경매정보 사이트에서 최종 점검을 하고 출발하는 게 좋다.

우리 동네 집의 가치를
외지인이 더 잘 아는 이유

**사고 나서, 혹은 팔고 나서
후회하지 않으려면**

경매 초보자들이 늘 의심해야 하는 확증편향

우리가 눈을 뜨고 있다고 해서 모든 것을 보는 것은 아니다. 또, 귀를 열고 있다고 해서 모든 것을 듣는 것은 아니다. 우리가 '본다는 것'과 '듣는다는 것'은 다양한 요소들에 영향을 받는데 그중 하나가 바로 본인의 주의와 관심이다. 그러니까 관심을 가져야만 보이고 들린다는 이야기다.

심리학에서는 이를 '확증편향'이라는 개념으로 설명한다. 확증편향이란 자신의 견해와 일치하거나 자신의 주장을 뒷받침하는 정보는 쉽게 받아들이지만, 여기에 위배되는 정보는 무시하거나 본인 의견에 맞게끔 왜곡해버리는 현상을 말한다. 사람들이 신문을 읽을 때도 어떤 기사는 유독 정독하고, 어떤 기사는 대충 넘기곤 하는데 이 또한 확증편향 때문이다.

부동산 경매에서도 확증편향 현상은 두드러진다. 특히 초보자일수록 임장에 가서 보고 싶은 것만 보고, 듣고 싶은 말만 듣고 오는 경우가 많다. 이렇게 되면 낙찰 받기 전에는 한껏 기대에 부풀다가 막상 낙찰을 받고 난 후 실망하는 상황이 벌어진다.

예를 들어 초보자들은 부동산 중개사무실을 찾아가 매수인인 척하며 이 근처 물건을 얼마에 '살 수 있을지'를 물어본다. 그러면 소장님은 근처에 좋은 시설들이 얼마나 많은지 나열하면서 '못해도 3억 원은 줘야 살 수 있다'고 말한다. 소장님과의 대화에서 확신을 얻은 초보자는 3억 원의 시세를 감안해서 2억 8,000만 원에 입찰해 낙찰을 받는다.

기분 좋게 낙찰을 받고서 다시 중개사무실을 방문한 초보자는 이번엔 이 주택을 얼마에 '팔 수 있는지' 물어본다. 그런데 얼마 전만 해도 자랑이 늘어지던 소장님이 이번에는 이 지역 교통이 불편하고 알고 보면 근처에 이런저런 유해시설들도 있다며 단점을 한참 늘어놓더니 "2억 6,000만 원이면 그나마 팔리지 않을까요?"라고 말한다. 취득세에 명도 비용까지 더하면 이건 낙찰 받자마자 손해라는 계산이 나온다.

빌라라고 다 같은 빌라가 아니다

특히 빌라(다세대주택)의 경우에 시세 파악을 제대로 하지 못해서 결국 재매각되는 경우가 종종 일어난다. 빌라는 아파트처럼 다수의 동일 세대가 존재하는 게 아니라 개별 건물인 경우가 많아서 정확한 사례 비교를 하기 어렵기 때문이다.

빌라는 분양 평수와 전용 평수의 차이가 큰 경우도 많다. 똑같은 전용 평수 12평이어도, 현장에 가보면 20평 같은 12평도 있고 10평 같은 12평도 있다. 서비스 면적이나 구조 등에 따라 실제로 체감하게 되는 면적이 천차만별이기 때문이다. 집을 구하는 사람들은 눈으로 보이는 대로 판단하고 계약을 한다. 이때 전용 평수가 몇 평인지는 중요하지 않다.

그러므로 투자하는 입장에서도 눈으로 직접 물건을 확인하고 다른 집들과도 비교를 하는 것만이 방법이다. 아무리 부동산에 전화를 걸어서 평수와 구조를 물어봐도 알 수 없는 일이다.

빌라는 건물 상태를 파악할 때도 실수하기가 쉽다. 건축년도와 건물 상태에 따라 노후도가 천차만별이기 때문에 아파트보다도 더 꼼꼼히 따져보아야 한다.

이런 점을 간과한 채 보고 싶은 것만 보고 듣고 싶은 것만 듣고서 시세를 판단한다면 결국 낙찰 후에야 실수를 깨닫고 잔금 미납으로 연결될 수 있다.

소재지	경기 광주시 목현동 652-1 모개미마을3차314동 4층 401호 [발말길 70-7] 도로명 검색					
물건종류	다세대	사건접수	2019.07.17	경매구분	임의경매
건물면적	53.06㎡ (16.05평)	소유자	⬛⬛	감정가	200,000,000원
대지권	59.4㎡ (17.97평)	채무자	최OO	최저가	(49%) 98,000,000원
매각물건	건물전부, 토지전부	채권자	농협은행	입찰보증금	(20%) 19,600,000원

입찰 진행 내용

구분	입찰기일	최저매각가격	상태
1차	2020-06-01	200,000,000	유찰
2차	2020-07-06	140,000,000	낙찰
	낙찰 176,000,000원 (88%) (응찰 : 1명 / 낙찰자 : ⬛⬛⬛) 매각결정기일 : 2020.07.13 - 매각허가결정 대금지급기한 : 2020.08.20 / 미납		
3차	2020-09-14	140,000,000	유찰
4차	2020-10-19	98,000,000	낙찰
	낙찰 143,330,000원 (72%) (응찰 : 6명 / 낙찰자 : ⬛⬛⬛ / 차순위 : 142,200,000원) 매각결정기일 : 2020.10.26 - 매각허가결정		

물건 사진 사진 더 보기

시세 파악 오류로 잔금을 미납한 모습

위의 사례를 보면, 해당 부동산은 시세 1억 5,000만 원 정도의 주택인데 낙찰자가 조사를 잘못해서 1억 7,600만 원에 낙찰을 받았다. 완납을 하자니 시세보다 2,600만 원이나 더 비싸게 사야 하고, 보증금을 포기하면 1,400만 원을 허공에 날리는 셈이 된다. 결국 이 낙찰자는 잔금을 미납하고서 이 물건을 포기하는 쪽을 택했다.

미래가치를 감으로 안다?

그렇다면 어떤 지역의 가치를 가장 잘 아는 사람은 누구일까? 그 지역에 사는 주민들일 것이라 흔히 생각할 테지만 그렇지 않다. 주민들은 자신이 사는 지역을 지나치게 높이 평가하거나 반대로 폄하하는 경향이 있다. 실제로 동네 주민들 중에 이런 이야기를 하는 분들이 많다.

'우리 동네에 뭐 볼게 있다고⋯⋯.'

주민들이 본인 동네를 외면하고 외지 투자자를 무시할 때 자주 하는 말이다. 외지인들이 살아보지도 않은 동네에 와서 대충 몇 번 보고 판단해서는 절대 성공할 수 없다는 논리다. 하지만 실상을 보면 그 동네에서 돈을 번 것은 외지 투자자들일 때가 많다. 왜일까?

외지인들은 살아보지 않았기에 해당 부동산을 더 객관적인 시선에서 다각도로 분석할 수 있다. 경험 자체가 없기에 경험에 의한 확증편향의 오류가 최소화된다. 그래서 직주근접(직장과 주거지 사이의 접근성), 소득 수준, 학군, 교통 호재, 인구 이동, 향후 금리(유동성), 주변 매매 및 전세 시세 등 다양한 요소를 꼼꼼하게 따져서 현재부터 미래까지 이어질 변화를 감안하고 투자를 결정한다.

반면에 주민들은 과거에 본인이 경험한 것을 토대로 판단하는 경우가 많다. 미래를 그리며 투자하는 외부인들과 달리, 과거에 기반한 확증편향에 휩쓸리는 것이다. 너무 많은 경험이 오히려 독이 되는 셈이다.

그래서인지 자기 동네에 투자해서 성공했다는 사람보다, 연고가 없는 곳에 과감히 투자한 사람들의 성공 케이스가 더 많은 것이 현실이다.

실제로 우리 회원들도 오랫동안 살던 동네의 가치를 몰라보고 뒤늦게 후회했다는 이야기를 심심치 않게 들려준다. 살던 동네를 그저 단순한 주거지로만 인식하고 투자 가치를 생각지 않은 것이다.

일례로 신혼 때부터 용산에 집을 구입해 7년을 살다가 쾌적한 신도시에서 아이를 키우고 싶다며 집을 매도하고 이사를 간 부부가 있었다. 그 7년 동안 집이 겨우 3,000만 원 올랐기에 아쉬움도 없었는데, 이사 후 불과 한두 달 만에 예전 용산 집의 시세가 폭등하여 현재는 무려 18억 원이 넘는다고 한다.

송파구의 유명한 대단지 아파트 헬리오시티 입주권을 저렴한 가격에 넘기고서 우울증을 호소하는 회원 분도 있다. 분양 당시, 9만 5,000세대라는 워낙에 많은 물량이 쏟아지는 바람에 언론에서는 연일 입주 쇼크를 예고하던 무렵이었다. 시장 심리도 한참 바닥으로 가라앉아 '이제는 집값이 떨어질 때도 됐지.' 하는 인식이 퍼졌다. 원주민이었던 그분은 지금의 시세로 생각하면 헛웃음이 나올 정도인 1억 원이라는 웃돈을 받고 입주권을 매도했다. 여기서 하고 싶은 말은, 주변 사람들이나 언론의 이야기에 휩쓸리지 말고 본인이 직접 공부해서 부동산의 가치를 판단해야 한다는 것이다. 돈을 실제로 잃어야만 잃는 게 아니다. 남들 다 벌 때 못 버는 것도 잃는 것이나 다름없다.

물론 확증편향이 거꾸로 작용하는 경우도 있다.

"내가 3년간 지켜봤는데 우리 동네는 계속 올랐어. 그러니까 앞으로도 계속 오를 거야."

이것은 논리가 아니라 그저 막연한 감, 혹은 기대심리일 뿐이다. 내가 살기 좋은 곳이라고 남들이 와서 사주는 것은 아니기 때문이다.

　나도 혹시 확증편향의 오류를 범하고 있지는 않은지 돌아볼 시간이다. 객관적이고 구체적인 분석 없이 그저 과거의 경험이나 현재의 감만으로 '좋다, 나쁘다'라는 판단을 내렸다가는 두고두고 후회할 경험을 하게 될지도 모른다.

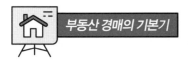
감정가는 참고용일 뿐, 시세 조사는 직접 하자

경매 신청된 해당 부동산을 매각하기 위해 법원은 감정평가회사에 감정을 의뢰한다. 감정평가의 종류는 원가법(복성식 평가법), 비교사례법, 수익환원법 등이 있다.

'원가법'은 가격 시점에 해당 부동산을 다시 짓는다면 이에 필요한 원가가 얼마가 들지를 계산해 대상 부동산의 상태에 따라 감가 수정해 현재 가격을 산정하는 방법이다.

'비교사례법'은 해당 부동산과 동일성 또는 유사성이 있는 다른 물건의 매매 사례와 비교한 후 현황에 맞게 시점수정 및 사정보정을 해 가격을 추정하는 방법이다. 아파트의 경우 해당 물건과 동일한 사례가 많기에 비교사례법을 적용하는 경우가 많다.

'수익환원법'은 대상 물건이 장래 산출할 것으로 기대되는 순이익을 환원이율로 환원하여 가격 시점에서의 감정가격을 산정하는 방법이다.

법원의 의뢰를 받은 감정평가사는 경매개시 결정 후 3주 이내에 감정평가를 하여 법원에 제출하게 된다. 문제는 감정평가서가 제출된 뒤 바로 매각 날짜가 정해지는 것이 아니라는 점이다. 감정평가 후 첫 매각 기일까지 최소 6개월, 길게는 몇 년까지도 걸릴 수 있다. 개인회생 등이 신청되어 경매가 중지되는 경우도 있기 때문이다. 그 기간 사

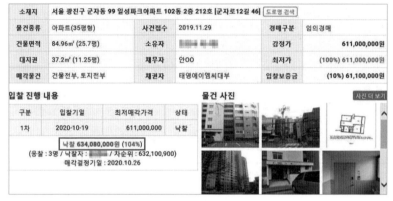

감정가 대비 104퍼센트에 낙찰된 사례

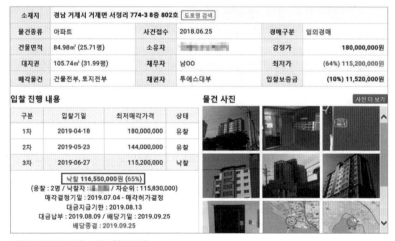

감정가 대비 65퍼센트에 낙찰된 사례

이에 가격은 변동할 수 있다. 특히 부동산이 급등하거나 급락하는 시기에는 감정평가 시점과 입찰에 참여하는 시점 사이에 부동산의 가격 차이가 더 크게 벌어진다.

따라서 감정평가금액을 절대적으로 믿을 것이 아니라 참고만 하고, 현재 시세를 정확히 조사해야 한다.

특히 최근 시세가 오른 지역이라면 유찰되길 기다리지 말고 신건에 입찰하는 전략이 필요하다. 반대로 시세가 많이 하락한 지역에서는 1회 유찰에서 더 떨어진 2~3회 유찰까지 지켜보고 입찰하는 전략을 구사할 수 있다.

정확한 시세 조사 없이 감정평가금액만 보고 "부동산 경매는 무조건 1회 유찰된 다음에 들어가는 거 아닌가요?"라고 말한다면 "나 초보예요." 하는 소리와 다를 바 없다.

낙찰 받는 것마다 돈 버는 사람들은 '이것'을 잘하기 때문이다

하루아침에 무너진
월세 800의 꿈

부동산 투자에서 금손과 똥손이 갈리는 지점

어떤 사람은 사는 곳마다 가격이 올라 '미다스의 손'이라고 불리는 반면, 어떤 사람은 사는 곳마다 가격이 내려 '마이너스의 손'이라고 한탄한다. 흔히들 하는 말로 '금손'과 '똥손'이라 할 만하다. 누구나 금손을 꿈꾸지만 결과는 원치 않는 똥손이 돼버리는 현실, 이유는 무엇일까? 다시 강조하지만, 바로 물건을 제대로 살피지 않았기 때문이다.

다음의 사례를 살펴보자. 2017년 6월, 6억 원에 거래된 이 분양 상가는 대출은행의 신청으로 경매가 진행되었다. 경매 감정가도 분양

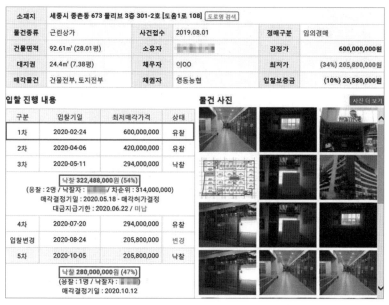

소재지	세종시 종촌동 673 플리브 3층 301-2호 [도움1로 108] 도로명 검색				
물건종류	근린상가	사건접수	2019.08.01	경매구분	임의경매
건물면적	92.61㎡ (28.01평)	소유자	▨▨▨▨	감정가	600,000,000원
대지권	24.4㎡ (7.38평)	채무자	이○○	최저가	(34%) 205,800,000원
매각물건	건물전부, 토지전부	채권자	영동농협	입찰보증금	(10%) 20,580,000원

입찰 진행 내용

구분	입찰기일	최저매각가격	상태
1차	2020-02-24	600,000,000	유찰
2차	2020-04-06	420,000,000	유찰
3차	2020-05-11	294,000,000	낙찰
낙찰 322,488,000원 (54%) (응찰 : 2명 / 낙찰자 : ▨▨▨▨ / 차순위 : 314,000,000) 매각결정기일 : 2020.05.18 - 매각허가결정 대금지급기한 : 2020.06.22 / 미납			
4차	2020-07-20	294,000,000	유찰
입찰변경	2020-08-24	205,800,000	변경
5차	2020-10-05	205,800,000	낙찰
낙찰 280,000,000원 (47%) (응찰 : 1명 / 낙찰자 : ▨▨▨) 매각결정기일 : 2020.10.12			

감정가와 큰 차이로 낙찰된 모습 (예시)

가와 같은 6억 원으로 진행됐는데 3차에서 3억 2,000만 원에 낙찰됐지만 잔금 미납되었고, 그 후 5차 경매에서 최저가 2억 600만 원일 때 2억 8,000만 원의 가격으로 단독 낙찰되었다.

응찰자가 한 명인 데다가 최저가와 차이가 7,500만 원가량이나 나자 뭔가 잘못됐다는 것을 감지한 낙찰자는 감정가를 문제 삼아 매각불허가신청을 했다.

사실 이곳은 경매에 나온 물건뿐만 아니라 이웃 호실들도 수년째 공실인 상태다. 이렇게 주변 지역 상권이 죽어 있는 물건은 분양가보다도 가격이 현저히 떨어지고 경매에서도 여러 차례 유찰을 거듭하게 된다. 그러니 경매 감정가만 믿고 적당히 입찰하다간 큰일이 난다.

경매에 나온 호실뿐만 아니라 주변 호실도 수년째 공실이다

　물론 저렴하게 낙찰 받으면 임대도 저렴하게 줄 수 있겠지만, 문제는 주변이 비어 있으면 해당 호수도 임대가 수월치 않다는 사실이다. 생각해보라. 주변이 텅 비어 있는데, 뭔가 특별한 이유가 있지 않고서는 1층도 아닌 3층까지 그 매장을 굳이 찾아갈 손님들이 있을까?

　따라서 애초 분양가보다 얼마나 싸게 샀는가는 크게 중요하지 않다. 낙찰을 받으면 임대를 할 수 있는지, 어떤 업종이 들어올 수 있는지, 만약 임차인이 나간다 해도 다른 임차인이 수월하게 들어올 수 있는 곳인지 등 여러모로 따져봐야 한다.

상가 입찰, 이것을 주의하라

시장은 수요와 공급이 맞아떨어져야 가격이 유지된다. 사겠다는 사람은 많은데 팔겠다는 사람이 없으면 가격이 오르고, 사겠다는 사람은 없는데 팔겠다는 사람은 넘쳐나면 가격이 속절없이 떨어진다.

유찰이 여러 차례 되어서 감정가보다 많이 떨어진 물건을 '어떻게든 되겠지'라는 생각에 낙찰부터 받고 보는 경우가 있는데 위험한 생각이다. 싸다고 덥석 낙찰을 받을 것이 아니라 왜 이렇게 싼지 먼저 의심을 해야 한다. 그렇지 않고 단지 분양가나 감정가보다 저렴하다는 이유로 낙찰을 받으면 오랫동안 공실이 이어져 마음고생을 할 수 있다.

신도시 분양 상가는 특히 주의해야 한다. 전국의 신도시는 전반적으로 상가 공급이 너무 많고 공실률 또한 매우 높은 실정이다. 한국토지주택공사(LH)가 많은 부채를 갚으려면 상가 부지를 경쟁 입찰로 최

신도시 분양상가 공실을 지적한 보도 모습(출처:땅집고)

대한 높은 가격에 팔아야 하니 어쩔 수 없는 상황이다. 상가 부지를 비싸게 낙찰 받은 사람은 막대한 마진을 붙여서 더 비싸게 팔 것이고, 결국 피해자는 분양받은 사람에게 돌아간다.

주상복합 아파트에도 함정이 있다. 전체 연면적의 일정 면적을 상업시설로 운영하도록 한 규정 때문에 입주 가구 수에 비해 상가가 과잉 공급될 수 있다. 수요에 비해 공급이 과도하게 이루어져 제 살 깎아먹는 결과를 초래하기 십상이다. 특히 일부 주상복합의 경우 대로변에 나와 있지 않고 안쪽에 자리 잡아 눈에 띄지 않는 경우도 있어 경매에 나서기 전에 반드시 현장을 둘러봐야 한다. 한때 붐을 일으켰던 패션 의류 쇼핑몰이나 전자 상품을 취급하는 테마상가, 주상복합 아파트 내 상가도 최근에는 상당수 지역에서 쇠퇴하는 경향을 보이고 있다.

주변에 대형 할인마트나 백화점 등 경쟁력 강한 다른 상가가 들어설 계획이 있는지도 사전에 점검해야 할 요소다. 한때는 독점 상권이었지만 주변 상권이 활성화되면서 상권의 중심축이 이동할 가능성이 높기 때문이다.

유명 브랜드 빵집 상가를 12억에 낙찰받다

은퇴를 앞둔 김연석 씨는 상가에 관심이 많아 수시로 상가 입찰을 시도했다. 경매정보지에서 검색한 물건 중 특히 눈길을 끈 상가가 하나 있었다. 이 상가를 점찍은 이유는, 웬만한 동네마다 하나쯤은 있는 인지도 높은 P브랜드 빵집이 입점해 있었기 때문이다. 월세만 800만 원을 내는 우량 임차인이 들어와 있다는 사실에 마음이 혹했다. 꼭 낙찰 받고 싶다는 생각에 높은 입찰가를 적어 냈고, 결국 이 상가를 손에 넣는 데 성공했다. 낙찰 금액은 약 12억 원이었는데 이 중 약 80퍼센트인 9억 5,000만 원을 대출받아 실 투자금은 2억 5,000만 원이 소요됐다.

9억 5,000만 원에 대한 이자가 월 320만 원(연 4퍼센트 이율) 정도 나왔지만 월세에서 대출이자를 내고도 월 480만 원이 남았다. 그러니 실제론 2억 5,000만 원 투자로 순수하게 월 480만 원씩 버는 셈이어서 연 수익률이 23퍼센트에 달했다. 엄청난 수익률에 김연석 씨는 하루하루가 마냥 행복했다.

그렇게 1년 6개월이 지난 어느 날, P빵집이 직영점의 확장 이전을 위해 계약을 종료하겠다는 통보를 해왔다. 우량 임차인이 나간다는 소식에 아쉬움이 컸지만 어쩔 수 없이 새 임차인을 알아보기 위해 부동산 중개사무실에 들렀다. 그런데 이게 웬일인가. 중개사무실 사장님의 얘길 들은 김연석 씨는 아연실색할 수밖에 없었다.

"지금처럼 800만 원에 임차인을 맞추기는 힘들어요. 지금 임차인은 대기업이고, 홍보 목적 때문에 처음에 그 월세를 내고 들어왔지만 다른 임차인들은 그 월세로는 못 들어와요."

"그럼 얼마에 가능할까요?"

"그전에도 그 정도 평수라면 월 500만 원 정도에 임대가 됐어요. 그런데 지금은 주변에 신규 물량이 많이 나와 있는 상태라 400만 원도 어려울 수 있어요. 실제 사거리에 있는 ○○빌딩 1층도 여기랑 비슷한 평수인데 두 달째 비어 있어요. 거기 월세가 400만 원이거든요. 입지 면에서 볼 때 여기는 400만 원보다 좀 더 낮추면 어떨까요?"

"기존에 800만 원인데 400만 원보다 더 낮추라면 반 토막도 안 되는 월세를 받으라고요?"

"사장님, 지금 현실이 그래요. 정 싫으시면 대기업에서 홍보 차원으로 들어올 매장이 있는지 알아봐야 할 것 같아요. 그런데 옆 동네에도 이미 물량이 많아서 그렇게 높은 월세로는 구하기 쉽지 않을 것 같아요."

800만 원 월세를 받던 곳인데 1년 6개월 만에 400만 원도 받기 힘들다고 한다. 월 대출이자가 320만 원인데 400만 원을 받으면 겨우 80만 원이 남는다. 2억 5,000만 원 투자해서 월 80만 원 수익이니 수익률이 연 3퍼센트대로 갑자기 떨어진다.

더군다나 상가 같은 수익형 부동산은 임대료를 기준으로 매매가액을 평가한다. 월 800만 원이라면 연 6퍼센트 수익으로 계산할 때 매매가액은 16억 원이 된다. 그래서 12억 원이라는 낙찰가도 저렴하다고 좋아했지만, 이제 월 임대료가 400만 원이 되면 연 6퍼센트 수익률로 계산할 때 매매가액은 8억 원이 된다. 기가 막힌 상황이다.

김연석 씨의 선택은 둘 중 하나다. 먼저 월 800만 원의 임대료를 고집하는 것이다. 하지만 현실적으로 이 임대료에 들어올 임차인은 없으니 오랫동안 공실이 될 것이며, 대출이자 및 관리비로 월 350만 원이 넘는 돈만 꼬박꼬박 지출해야 한다. 다음 방법은 월 400만 원 이하로 임대를 내놓는 것이다. 이러면 임차인은 구할 수 있겠지만 문제는 매매가의 하락을 불러온다는 것이다. 12억 원에 낙찰 받았는데 8억 원으로 떨어지면 무려 4억 원의 손실이 발생한다.

낙찰 받지 말아야 할 물건은 없다, 낙찰 받지 말아야 할 가격이 있을 뿐!

이 사례에서 볼 수 있듯이 경매로 상가를 낙찰 받거나 매매로 구입할 때는 현 임차인의 임대료를 너무 맹신하지 말아야 한다. 현재 임차인은 언제든 나갈 수 있다는 전제 아래 다음 임차인이 들어올 수 있는 임대료 조건을 조사해야 한다. 인근 신규 상가 공급 물량도 파악해야 한다. 현 임차인만 믿고 철저한 조사 없이 들어갔다간 김연석 씨와 같은 상황에 처할 수 있다.

경매로 상가를 낙찰 받아 안정적인 월세 수입을 받고 싶다는 생각을 누구나 한번쯤 해보았을 것이다. 특히 은퇴를 앞둔 분들이 꼬박꼬박 월세가 나오는 상가 투자를 선호한다. 이런 분들이 경매로 상가를 알아볼 때는 현 임차인에 신경을 쓰는 경우가 많다. 우량 임차인일수록 재계약 확률도 높고, 월세를 체납할 우려도 적으니 말이다. 따라서 대기업 프랜차이즈 등의 우량 임차인이 입점한 상가가 경매로 나오면 사람들의 관심이 쏠리고 낙찰가도 높아지는 게 현실이다.

물론 연 12만 건이 넘는 물건이 경매로 진행되는 상황에서 낙찰 받지 말아야 할 물건은 없다. 다만, 낙찰 받지 말아야 할 가격이 있을 뿐이다.

꼼꼼하게 임장을 하면 현실적인 가격으로 입찰하게 되어 낙찰 후에도 큰 사고가 일어나지 않는다. 따라서 손품과 발품을 판 만큼 수익률이 올라간다는 생각으로 임장에 임하기 바란다.

상가 임장에 도움 되는 현실적인 팁

한 가지 현실적인 팁을 제공하자면, 상가 임장을 할 경우 임차인을 꼭 만나보라는 것이다. '에이, 그렇지 않아도 매장이 경매로 넘어가서 심란할 텐데, 어떻게 거길 쫓아가서 꼬치꼬치 캐물어?' 하고 생각할지 모르지만 그렇지 않다.

임차인들은 대부분 큰 불만이 없다. 평균적으로 보증금은 2,000만 ~5,000만 원 정도이고 월세는 100만~200만 원 수준이다. 경매가 개시되어 낙찰 되고 배당을 받기까지 보통 1년가량의 시간이 걸리는데 그 기간 동안은 월세를 내지 않고 보증금에서 차감한다. 이때는 관리비도 따로 내지 않아도 된다. 그러니 경매가 진행되는 상황 자체에 생각처럼 부정적이거나 예민하지 않은 경우가 많다.

만약 임차인이 그 자리에서 계속 장사를 할 생각이라면 낙찰자와 원만한 협상을 하기 위해서라도 협조를 하고 나설 것이다. 개인적인 경험에 따르자면, 부동산보다도 임차인들이 오히려 더 솔직하고 유용한 정보를 제공해준다.

또 하나 만나볼 사람들은 그 앞을 지나가는 동네 주민들이다. 길 가다가 모르는 사람이 길을 물어보면 팔을 걷어붙이고 최선을 다해 알려주는 것이 우리나라 사람들 성정이다.

"제가 가게를 인수하려고 좀 알아보는 중인데요, 이 가게 어때요? 음식은 맛있어요? 손님은 좀 많나요?"

이렇게 슬쩍 물어보면 다들 나름의 생각이나 경험을 솔직히 말해준다. 다양한 관점을 취합하기 위해 남녀노소의 행인들 최소 열 명에게만 물어봐도 꽤 객관적인 정보를 얻을 수 있다.

상가 매매가 계산법

사람들은 "나는 수익률이 5퍼센트 정도면 투자할래", "나는 적어도 6 퍼센트 이상은 돼야 해"라는 말을 한다. 구분상가의 시세는 임대료를 기준으로 산정하는 경우가 많다. 그렇다면 얼마에 살 때 임대료 대비 원하는 수익률이 나올지 계산해봐야 할 것이다. 이때 임대보증금을 포함하는 경우도 있고 그렇지 않은 경우도 있으니 상황에 따라 계산하는 법을 살펴보자.

1. 구분상가 매매가 계산하는 법(임대보증금 포함)

보증금을 포함한 구분상가의 적정 매매가를 계산하는 방법은 수익률을 계산하는 방법에 기초한다.

$$수익률 = \frac{월세 \times 12}{매매가 - 임대보증금} \times 100$$

이 수식을 돌려 계산해보면 다음과 같이 매매가 공식을 구할 수 있다.

$$매매가 = \frac{월세 \times 12 \times 100}{수익률} + 임대보증금$$

수익률이 5퍼센트인 상가라면

$$매매가 = \frac{월세 \times 12 \times 100}{5} + 임대보증금 \quad 이므로$$

'매매가=(월세×240)+임대보증금'이라는 결론에 도달한다. 즉, 상가의 월세와 임대보증금만 알면 바로 수익률 및 매매가를 계산할 수 있다.

그럼 임대보증금 2,000만 원에 월세 80만 원인 상가의 적정 매매가는 얼마일까?

수익률을 5퍼센트로 선택하면 '매매가= (80만 원×240) + 2,000만 원 = 2억 1,200만 원'이 된다. 같은 원리로 수익률을 6퍼센트로 계산하면 '매매가=(80만 원×200) + 2,000만 원=2억 원'이라는 계산이 나온다.

2. 구분상가 매매가 계산하는 법 (임대보증금 미포함)

앞의 수식과 같은 방법이지만 이번에는 임대보증금을 포함하지 않고 매매가를 계산하는 방법을 알아보자. 같은 월세라도 수익률을 몇 퍼센트로 산정하는지에 따라 매매가가 달라진다.

$$\text{매매가} = \frac{\text{월세} \times 12 \times 100}{\text{수익률}}$$

이를 계산하면 매매가는 다음과 같다.

- 4.0% 수익률 = 월세×300

- 4.5% 수익률 = 월세×266

- 5.0% 수익률 = 월세×240

- 5.5% 수익률 = 월세×218

- 6.0% 수익률 = 월세×200

- 6.5% 수익률 = 월세×184

- 7.0% 수익률 = 월세×171

예를 들어 월세가 80만 원이고 수익률이 4퍼센트인 경우 매매가는 2억 4,000만 원(80만 원×300), 수익률 5퍼센트라면 1억 9,200만 원(80만 원×240), 6퍼센트 수익률인 경우 1억 6,000만 원(80만 원×200), 7퍼센트 수익률인 경우 매매가는 1억 3,680만 원(80만 원×171)이 된다.

은행 예금이자가 2퍼센트가 채 안 되는 현실에서 상가 투자의 경우 6퍼센트면 꽤 좋은 투자라고 볼 수 있다. 이는 순수한 매매가 대비 수익률을 말하므로 대출을 활용해 실 투자금으로 계산하면 레버리지 효과로 수익률은 더욱 상승한다.

상가 임대료를 곧이곧대로 보면
큰코다친다

꽃밭인 줄 알았던 매물이
애물단지 된 사연

고수는 현장을 찾는다

부동산 경매를 하는 사람들은 대개 경매의 꽃이 '명도'라고 말한다. 명도가 경매의 종착점이기도 하고, 협상에 따라 이사 비용이 좌우되기 때문인 것 같다. 하지만 나는 경매의 꽃이 '임장'이라고 생각한다. 명도 협상에 실패하면 강제집행이라는 법적 구제 수단이 있지만, 임장에 실패하면 투자금을 잃는 등 큰 손실이 발생할 수 있기 때문이다. 첫 단추를 잘못 채우면 마지막 단추까지 다 틀어지듯, 부동산 경매 재테크가 틀어지지 않기 위해서는 임장이란 첫 단추를 잘 꿰어야 한다.

실제 경매 고수들은 "임장에서 돈이 보인다. 경매는 현장에 많이 다녀볼수록 수익이 높아진다"는 말을 자주 한다. 반면에 초보자일수록 주로 서류상의 권리분석에 많이 치중한다. 권리분석과 세입자 분석 등, 낙찰 후 권리를 넘겨받기 위한 기초 조사를 확실히 해서 안전하다고 판단하면 입찰을 결정한다. 물론 필요한 일이긴 하지만, 돈 되는 물건보다는 안전한 물건 위주로 입찰하다 보니 높은 수익을 기대하기 어렵다.

한편 고수들은 권리분석 등 기초적인 확인 사항은 이미 한번 걸러내고 바로 현장을 찾아 나선다. 서류로만 경매 물건을 들여다보면 정말 돈 되는 물건은 찾기 힘들다는 것을 잘 알기 때문이다. 그러므로 현장을 중심으로 진짜 정보를 찾아내는 훈련이 필요하다.

오늘의 임장이 곧 내일의 기초 자료

초보자들은 입찰 전 임장을 가더라도 그 물건 하나만 조사하고 돌아오는 경우가 많다. 내비게이션을 맞추고 운전해서 도착한 후 물건을 잠깐 둘러보고 주변 맛집을 검색해 식사를 한 후 다시 내비게이션의 안내에 따라 돌아온다. 자, 이러면 집에 돌아와도 대강의 인상만 어렴풋이 기억날 뿐이다. 만약 하루에 여러 곳을 임장했다면 더 헷갈릴 것이다.

임장을 가서는 그 물건뿐만 아니라 같은 지역의 경매 예정 물건까지 함께 조사하면 나중에 시간 낭비를 줄일 수 있다. 출발 전 지도를 보고 인근 집객시설, 편의시설, 혐오시설 등을 미리 파악하여 현장 조사를 하는 것이다. 도로, 철도(지하철), 버스 승강장, 학교 등이 동서남북의 어디에 위치한지를 파악해야 하며 특히 교통이 얼마나 편리한지는 반드시 확인해야 할 사항이다.

처음에는 다양하게 조사를 해야 하므로 시간이 많이 걸릴 것이다. 하지만 임장 가는 곳마다 이런 데이터가 축적되면 본인만의 경쟁력 있는 자료가 확보되어 나중에는 지역 이름만 들어도 무슨 시설들이 있는지 지역 분위기는 어떠한지를 가늠할 수 있게 된다.

내가 사는 동네를 잘 아는 이유는 그만큼 친숙하기 때문이다. 임장도 마찬가지로 그 지역을 샅샅이 조사해서 친숙해지면 훗날 유용한 정보의 기틀이 된다. 그 지역에서 경매 물건은 언제고 또 나오기 때문이다.

보이는 임대료를 맹신하지 말자

경기도 용인에 위치한 근린상가가 경매에 나왔다. 감정가 3억 4,000만 원의 상가였고 카페로 사용 중인 곳이었다. 이 상가의 장점은 크게 세 가지로 꼽을 수 있다.

첫째, 주소상으로는 지하 1층이지만 도로 높이 차이로 인해 실제로는 1층이다. 전면이 아닌 후면상가인 점은 아쉽지만, 지하가 아닌 것은 큰 장점이다.

소재지	경기 용인시 수지구 신봉동 43 백산빌딩 3동 지하1층 비01호 [도로명 검색]				
물건종류	근린상가	사건접수	2016.09.20	경매구분	임의경매
건물면적	119㎡ (36평)	소유자	▨▨▨	감정가	340,000,000원
대지권	80.11㎡ (24.23평)	채무자	▨▨▨	최저가	(100%) 340,000,000원
매각물건	건물전부, 토지전부	채권자	구성농협	입찰보증금	(10%) 34,000,000원

입찰 진행 내용

구분	입찰기일	최저매각가격	상태
1차	2017-02-10	340,000,000	낙찰

낙찰 345,120,000원 (102%)
(응찰: 1명 / 낙찰자: ▨ ▨▨)
매각결정기일 : 2017.02.17 - 매각허가결정
대금지급기한 : 2017.03.28
대금납부 : 2017.03.28 / 배당기일 : 2017.04.25
배당종결 : 2017.04.25

물건 사진 [사진 더 보기]

해당 물건의 낙찰 결과 내역

둘째, 무엇보다 현 임차인의 임대료가 높아 보인다. 경매정보지에 올라온 자료를 보니 임차인 두 명에 임대료는 각각 보증금 5,000만 원과 월세 199만 5,000원으로 나와 있다.

셋째, 임차인이 커피숍을 운영 중이어서 낙찰 받고 재계약할 확률이 높아 보인다.

경매정보지에 적힌 임대료가 맞다는 가정하에 상가 수익률을 6퍼센트로 계산했을 때 상가 가격은 4억 5,000만 원에 달한다. 따라서 신건에 낙찰 받아도 1억 원 이상 시세 차익을 누릴 수 있다는 계산이 나온다. 이대로만 일이 성사되면 더할 나위 없겠지만 여기서 문제가 발생한다.

과연 임차인이 두 명이 맞을까? 실제 임장을 해본 결과 이 곳은 임차인 한 명이 운영 중이었다. 경매정보지의 오류로 기록이 잘못된 것이다.

임차인 현황 말소기준권리일 2007-02-02 소액임차기준일 2007-02-02 배당요구종기일 2016-11-30

임차인/대항력		점유부분	전입/확정/배당	보증금/월세	예상배당액 예상인수액	비고
정□,최	없음	점포	사업 : 2015-07-15 확정 : 2016-01-28 배당 : 2016-10-21	보증 : 25,000,000 월세 : 950,000 환산 : 120,000,000	배당액 : 0 미배당 : 25,000,000 인수액 : 없음	상가임차인
정□(카페)	없음	점포	사업 : 2016-01-28 확정 : 2015-07-15 배당 : -	보증 : 25,000,000 월세 : 1,045,000 환산 : 129,500,000	배당액 : 0 미배당 : 25,000,000 인수액 : 없음	상가임차인
				총보증금 : 50,000,000 / 총월세 : 1,995,000		

경매정보지에 명시된 임차인 내역

점유자의 성명	점유부분	정보출처 구분	점유의 권원	임대차 기간 (점유기간)	보증금	차임	전입신고 일자.사업 자등록신 청일자	확정일자	배당요구 여부 (배당요구 일자)
정○ (카페)	□□빌딩 C동 B01호 (119.0000 ㎡)	현황조사	점포 임차인	2015.07.16~ 2017.07.15	25,000,000	1,045,000	2016.01.28	2015.07.15	
정○,최	제비01호	권리신고	점포 임차인	2015.7.16.~ 2017.7.15.	25,000,000	950,000	2015.7.15.	2016.1.28.	2016.10.21
＜비고＞									

법원 매각물건명세서 내용 중 일부

법원 매각물건명세서에서 보듯 현황 조사에 따르면 임차인은 정○
○으로, 보증금 2,500만 원에 월세 104만 5,000원에 가게를 운영 중
이다. 그리고 권리신고한 임차인은 정○○, 최○○으로 보증금 2,500
만 원에 월세가 95만 원이다. 언뜻 보기엔 월세가 달라 임차인이 두
명 같아 보이지만 95만 원의 월세에 부가가치세 10퍼센트를 더하면
104만 5,000원이 나옴을 알 수 있다. 따라서 해당 상가는 임차인 두
명이 각각 월세를 내고 있는 게 아니라, 한 명의 임차인(정○○, 최○○)
이 95만 원(부가가치세 포함 104만 5,000원)의 월세를 내고 있다. 이를 모
르고 두 명의 임차인이 총 199만 5,000원의 월세를 낸다고 착각하고
서 낙찰 받으면 큰일이다.

사실 이는 임장 조사를 제대로 했다면 누구나 알 수 있는 정보다. 하지만 이 사실을 몰랐던 누군가가 신건에 이 물건을 낙찰 받았다. 임대료 2,500만 원에 월세 95만 원을 기준으로 6퍼센트 수익률을 계산하면 시세는 2억 1,500만 원이 된다. 이해관계자가 아닌 이상 고가 낙찰로 보인다.

그러므로 서류에 보이는 대로만 믿고 오판하지 말고 임장을 통해 정확한 상황을 살펴야 한다.

반드시 알아두어야 할
상가 미납관리비

🔑 3년분 미납관리비만 책임지면 된다고?

관심 있는 상가의 입찰을 생각하고 있다면 그 상가의 미납관리비가 있는지를 꼭 확인해야 한다. 주택에 비해 상가 관리비는 금액이 더 크기 때문에 적게는 몇 십만 원에서 많게는 수천만 원에 달하는 미납관리비가 연체돼 있는 경우가 더러 있다. 매수자가 이 비용을 인수하게 될 수도 있기 때문에 미리 관리사무소를 찾아가 미납관리비 여부를 확인하는 게 좋다.

'집합건물의소유및관리에관한법률'에서는 '공유자가 공용부분에 관해 다른 공유자에 대해 가지는 채권은 그 특별승계인에 대해서도 행사할 수 있다'고 다음과 같이 규정하고 있으며 이는 판례에서도 뒷받침하고 있다.

집합건물의 공용부분은 전체 공유자의 이익에 공여하는 것이므로 공동으로 유지 및 관리돼야 하고, 그에 대한 적정한 유지 및 관리를 도모하기 위해서는 소요되는 경비에 대한 공유자 사이의 채권을 특히 보장할 필요가 있어 공유자의 특별승계인에게 그 승계의사의 유무에 관계없이 청구할 수 있도록 특별규정을 둔 것이다.

(대법원 2004다3598판례)

🔑 3년이 아닐 수도 있다

어떤 분이 이런 질문을 한 적이 있다.

"미납관리비 중 3년분의 공용부분에 해당하는 금액만 인수하면 된다는데요?"

예를 들어 한 달 관리비가 50만 원(이 중 공용부분 관리비가 30만 원)이며 10년 동안 연체된 경우를 보자. 미납관리비는 총 6,000만 원이지만 3년분에 해당하는 공용관리비는 1,080만 원이다. 따라서 1,080만 원은 인수한다는 생각으로 그만큼 낮게 낙찰 받으면 되지 않겠냐는 이야기다.

이는 맞는 말일 수도 있고, 틀린 말일 수도 있다. 집합건물의 관리비 채권은 3년의 단기소멸시효가 적용되므로 현 시점에서 3년을 도과한 채권은 소멸시효로 인해 상실되었다고 볼 수도 있다. 하지만 건물 관리단 측에서 관리비를 청구하는 소송을 제기하여 승소하면 소멸시효가 중단되고, 판결이 확정된 때로부터 10년의 소멸시효가 다시 진행된다.

이렇게 소멸시효가 중단된 채권은 새로운 승계자에게 승계된다. 따라서 철저한 조사 없이 3년분의 관리비만 인수하면 된다고 생각하는 것은 위험하다.

과다한 미납관리비가 있는 부동산은 3년의 소멸시효만 믿을 게 아니라, 소멸시효 중단 조치가 있었는지 여부를 꼼꼼히 살펴 낭패를 보는 일이 없도록 해야 한다.

5장

중딩이면 이해할 수 있는
권리분석과 명도

입찰 전 반드시
확인해야 할 서류 한 가지

안전한 경매를 위해
가장 먼저 알아두어야 할 것들

등기부를 보는 연습부터 하자

일반적인 매매를 통해 부동산을 구입하는 경우에는 구입 절차에 대해 보통 큰 신경을 쓰지 않는다. 중개사무실 사장님이 중간에서 역할을 해주기 때문이다. 보통은 중개사무실에서 매도자와 매수자 양측이 만나 계약서를 쓰게 되는데 이 때 사장님이 알아서 등기부를 발급해 확인시켜 주고 계약서를 작성하도록 한다. 매수자는 계약서에 도장만 찍으면 절차가 완료된다.

잔금을 치를 때도 마찬가지로 매수자는 돈만 준비하면 현장에 법무사가 와서 소유권이전등기가 이뤄지도록 도와준다. 그래서 부동산 거래를 하더라도 등기부를 어디서 발급받는지, 어떻게 보는지조차 모르는 경우가 많다.

　부동산 등기부란, 부동산에 관한 관리관계 및 현황이 기재되어 있는 공적 서류를 말한다. 등기부는 국가에서 제공하는 것이어서 대법원 인터넷등기소(www.iros.go.kr) 또는 스마트폰의 인터넷등기소 앱을 통해 누구나 열람 및 발급해볼 수 있다.

인터넷등기소 홈페이지 모습

　일반적인 매매가 아닌 부동산 경매의 경우는 법원과의 직거래 방식이라 볼 수 있다. 법원의 입찰 공고를 보고 해당 부동산에 입찰한 후 낙찰 받는 절차를 직접 거쳐야 하므로. 중간에서 도와주는 중개사무실에 의지할 수 없다.

　경매를 할 때는 마음에 드는 부동산에 입찰하기 전, 반드시 살펴야 할 사항이 있다. 바로 등기부에 적힌 모든 권리가 소멸하는지 여부다. 보통 근저당권이 한두 개 정도인 일반 매매에 비해, 경매 물건은 근저당권 한두 개는 기본이고 압류, 가압류 등의 권리가 많이 설정돼 있는 경우가 대부분이다.

등기부 현황(집합)	채권액 합계 1,174,089,071	열람일자 2020.07.16		
접수번호	등기목적	권리자	채권금액	기타등기사항
2016.02.25 (38818)	소유권이전	(주)세곡드림시티		전소유자:국제자산신탁(주) 신탁재산의귀속 (2016.02.24)
2016.08.09 (161317)	근저당권	냉동냉장수협	1,040,000,000	말소기준권리
2016.09.09 (187234)	근저당권	냉동냉장수협	104,000,000	
2019.08.06 (116194)	가압류	수협은행		서울중앙지방법원 2019카단812613
2019.09.16 (139177)	가압류	천하종합관리(주)	30,089,071	수원지방법원 2019카단2499
2019.09.26 (145259)	임의경매	냉동냉장수협	청구금액 900,519,183	2019타경7618
2019.10.08 (152858)	압류	국민건강보험공단		

등기부상에 여러 권리가 설정돼 있는 모습

이렇게 여러 권리가 설정돼 있는 경우 해당 부동산을 낙찰 받았을 때 모든 권리가 소멸하는지가 중요하다. 만약 어느 한 권리라도 소멸하지 않고 인수된다면 그만큼 높은 가격에 입찰한 셈이 되기 때문이다.

법원 경매는 민사집행법의 절차에 따라 진행되므로, 법률에 의해 소멸되는 권리가 있고 그렇지 않은 권리가 있다. 그러므로 입찰자 입장에서는 어떤 권리가 소멸되고 또 어떤 권리가 인수되는지를 알아야 하는데, 이 기준을 말소기준등기(=말소기준권리)라고 한다.

당연히 모든 권리가 말소기준등기가 되지는 않으며, 정해진 일곱 가지 권리만이 여기에 해당한다. 참고로 말소기준등기에는 공통점이 있는데 바로 '돈을 배당해달라'고 요청하는 권리라는 점이다. 다시 말해, 채권자가 경매를 신청한 목적이 '이 부동산을 팔아 제게 돈을 배당해주세요'라고 말할 수 있는 권리들이 곧 말소기준등기가 된다는 이야기다.

말소기준등기가 되는 권리

1. 저당권
2. 근저당권(경매에 나온 물건의 대부분이 근저당권이다)
3. 압류
4. 가압류
5. 담보가등기
6. 강제경매개시결정등기
7. 전세권(원칙적으로는 말소기준권리는 아니나, 예외적으로 말소기준등기가 되는 경우가 있다. 이에 대해서는 뒤에서 다시 자세히 다루도록 한다)

한눈에 파악하는 권리분석

등기부는 갑구와 을구로 나뉘는데, 갑구에는 소유권과 관계된 사항들이 기록된다. 등기한 순서대로 나오므로 마지막에 적힌 사람이 부동산의 현재 주인이다. 을구에는 소유권 이외의 권리가 기록된다. 가장 흔한 것은 근저당, 즉 융자가 잡혀 있는 것이다.

해당 부동산에 설정된 권리가 모두 소멸하는지 그렇지 않은지를 알아보려면 우선 등기부를 발급받아 갑구와 을구를 나눠 순서대로 적어보면 된다. 등기부 갑구 란에 있는 권리는 갑구 쪽에 적고, 을구 란에 있는 권리는 을구 쪽에 적는 것이다.

1. 모든 권리가 소멸하는 경우

갑구	을구
2019.12.26. 가압류권	2019.10.28. 근저당권
2019.12.27 가압류	
2019.12.31. 가압류	
2020.01.16. 가압류	
2020.02.03. 임의경매개시	
2020.03.12. 가압류	
2020.03.20. 가압류	

어느 경매 진행 사건의 부동산 등기부를 정리하니 이렇게 권리관계가 나왔다고 해보자. 이제 갑구와 을구를 섞어 다시 한 줄로 만들어보자. 날짜가 빠른 기준으로 다시 줄을 세우는 것이다. 그러면 이렇게 한 줄이 만들어진다.

① 2019.10.28. 근저당권

② 2019.12.26. 가압류

③ 2019.12.27. 가압류

④ 2019.12.31. 가압류

⑤ 2020.01.16. 가압류

⑥ 2020.02.03. 임의경매개시

⑦ 2020.03.12. 가압류

⑧ 2020.03.20. 가압류

이 중에서 ①이 근저당권인데, 앞서 말했듯이 이것은 말소기준등기에 해당한다. 그렇기 때문에 이 부동산은 2019년 10월 28일 근저당권이 말소기준등기가 되어 모든 권리들이 말소가 된다.

등기부 현황(집합) 채권액 합계 5,642,158,179 열람일자 2020.07.23

접수번호	등기목적	권리자	채권금액	기타등기사항	소멸여부
2008.08.06 (66285)	소유권이전	▉▉▉		전소유자:에스에이치공사 매매(2007.10.02)	
2019.10.28 (196941)	근저당권	하나은행	457,200	**말소기준권리**	소멸
2019.12.26 (247203)	가압류	대구은행	390,000,000	대구지방법원 2019카단 4309	소멸
2019.12.27 (249235)	가압류	신한은행	734,488,643	서울중앙지방법원 2019카 단41038	소멸
2019.12.31 (251829)	가압류	신용보증기금	500,000,000	서울중앙지방법원 2019카 단822926	소멸
2020.01.16 (12497)	가압류	한국무역보험공사	1,993,439,463	서울남부지방법원 2020카 단200103	소멸
2020.01.29 (20038)	가압류	우리은행	245,019,381	서울중앙지방법원 2020카 단30595	소멸
2020.02.06 (28336)	임의경매	하나은행	청구금액 453,407,680	2020타경893	소멸
2020.03.12 (62095)	가압류	국민은행	184,006,247	서울남부지방법원 2020카 단459	소멸
2020.03.30 (76500)	가압류	중소기업은행	1,091,370,045	서울중앙지방법원 2020카 단805745	소멸

경락으로 인해 등기부의 모든 권리가 소멸한다

도미노에서 하나의 기준점이 쓰러지면 그 다음에 있는 도미노 전체가 쓰러지듯, 말소가 되는 기준점인 등기부터 그 아래에 있는 권리들은 모두 소멸되어 문제가 없다.

따라서 해당 부동산이 시세 6억 5,000만 원이고 등기부상 채권액의 합이 56억 원이 넘어도 경락(경매에 의해 그 목적물인 부동산의 소유권을 취득하는 것)으로 인해 모든 권리가 소멸되어 깨끗해진 상태로 오므로 안심해도 된다.

PLUS TIP

말소기준등기가 변동될 가능성도 염두에 두라

1순위 말소기준등기의 채권액이 적은 경우 이해관계인이 채권을 변제하고 권리를 소멸시킬 가능성이 높다. 따라서 1순위 말소기준등기가 소멸되더라도 다음 순위의 권리로 말소기준등기를 따져, 인수하는 권리의 유무를 살핀 후 입찰을 결정해야 한다.

---

2. 인수되는 권리가 있는 경우

말소기준등기 권리분석을 한 번 더 해보자. 이번에는 인수되는 권리가 존재하는 경우다. 경매가 진행 중인 어느 부동산 등기부의 갑구와 을구를 구분해서 다음과 같이 적었다.

갑구	을구
2018.07.25. 가처분	해당사항 없음
2019.05.17. 압류	
2019.11.15 강제경매개시	
2019.11.29. 가압류	
2020.01.08. 가압류	

　이렇게 정리했을 때 1순위 권리는 2018년 7월 25일에 가처분이 된다. 그런데 말소기준등기 종류에 가처분은 포함이 되지 않으므로 다음 권리로 넘어가야 한다. 두 번째 등기권리는 2019년 5월 17일 압류이며, 이는 말소기준등기가 된다. 따라서 가처분은 인수되며 그 외 권리만 소멸되므로 이런 물건은 주의해야 한다. 왜냐하면 소멸되지 않은 가처분으로 인해 추후 소유권을 뺏길 수도 있기 때문이다.

등기부 현황(집합) 채권액 합계 291,266,676 열람일자 2020.07.29

접수번호	등기목적	권리자	채권금액	기타등기사항	소멸여부
2016.06.13 (115492)	소유권이전	화이트스톤(주)		전소유자:김점심 경매취득 (2016.06.08)	
2018.07.25 (137762)	가처분	(주)미지컨설팅		건물철거청구서울중앙지방법원 2018카합21039	인수
2019.05.17 (70315)	압류	서울특별시관악구		**말소기준권리**	소멸
2019.11.15 (176240)	강제	▇▇▇	청구금액 63,920,547	2019타경8819	소멸
2019.11.29 (185485)	가압류	▇▇▇	256,468,579	서울중앙지방법원 2019카단820538	소멸
2020.01.08 (3941)	가압류	(주)미지컨설팅	34,798,097	서울중앙지방법원 2019카단823020	소멸

인수되는 권리(가처분)가 있는 등기부 내역

임차인의 대항력 유무를 파악해야 한다

등기부상의 모든 권리가 소멸되는지 여부는 말소기준등기로 파악한다고 설명했다. 그렇다면 말소기준등기를 파악 후 모든 권리가 소멸하면 바로 입찰해도 될까? 그렇지 않다.

소유자가 거주하는 부동산이라면 말소기준등기만 파악한 후 입찰해도 되지만, 임차인이 거주하는 경우 대항력 여부를 판별해야 한다. 여기서 대항력이란, 임대차계약 기간 동안 임차인이 그 임대주택에서 퇴거당하지 않고 거주할 수 있는 권리를 말한다. 즉, 계약 기간 동안 임대주택에서 살 권리이며 계약이 만료되었음에도 소유자의 사정으로 보증금을 반환받지 못하는 경우 반환받을 때까지 그 임대주택에서 퇴거를 거부할 수 있는 권리가 곧 대항력이다.

한 예로, 임차인이 거주하는 동안 주택이 매매된 경우 임차인의 대항력은 양수인(새 집주인)에게 승계되므로 계약 만료일까지 살다가 새 집주인에게 보증금을 반환받고 집을 비워주게 된다.

주택임대차 보호법 제3조(대항력 등)

① 임대차는 그 등기가 없는 경우에도 임차인이 주택의 인도와 주민등록을 마친 때에는 그 다음 날부터 제삼자에 대하여 효력이 생긴다. 이 경우 전입신고를 한 때에 주민등록이 된 것으로 본다.

④ 임차주택의 양수인(그 밖에 임대할 권리를 승계한 자를 포함한다)은 임대인의 지위를 승계한 것으로 본다.

여기서 중요한 것이 전입신고다. 임차인이 전입신고를 하지 않은 경우에는 대항력이 없다. 따라서 매매로 해당 주택이 팔리더라도 새 집주인에게 임대차계약의 효력을 주장할 수 없게 된다. 남은 계약 기간이 얼마가 됐든 집을 비워줘야 하며 보증금도 새 집주인이 아닌 기존 집주인(임대차계약 당시 임대인)에게 받아야 한다. 만약 기존 집주인이 잠적하고 연락두절이라도 한다면 큰일이다.

따라서 임차인 스스로의 권리를 지키기 위해 전입신고는 필수다. 임대차 기간 동안 집이 아무리 여러 차례 매매되더라도 애초에 전입신고 한 임차인은 걱정이 없다.

이렇듯 전입신고 한 임차인은 매매 계약에 당당하게 대응할 수 있다. 다시 말해, 새 집주인은 임대차 계약 기간을 인수하니 애초에 보증금만큼 낮춰서 사야 한다.

한 예로, 5억 원의 아파트에 4억 원의 전세 임차인이 거주한다면 애초에 1억 원만 기존 소유자(매도인)에게 건네고 4억 원은 뒀다가 임대차 기간이 만료되었을 때 임차인에게 반환해야 한다. 만약 그걸 모르고 애초에 5억 원을 매도인에게 건넸다면 임차인 퇴거 시 추가로 보증금 4억 원을 변제해야 하므로 큰 손해를 입게 된다.

실제로 이런 사기 사건이 간혹 발생한다. 임차인이 없다고 속인다든지, 전세 임차인인데 월세 임차인이라고 속이고서 기존 집주인이 매도 금액을 받아 챙긴 뒤 잠적하는 수법이다. 그래서 매수인 입장에서는 해당 주택에 거주하는 임차인 유무를 면밀히 살핀 후 거래해야 한다.

그렇다면 경매나 공매로 매각된 경우에도 전입신고를 한 임차인에게 무조건 대항력이 발생할까? 이는 상황에 따라 다르다. 일반적인 상황(매매, 교환, 증여 등)에서는 해당 주택에 거주하면서 전입신고를 하면 순위를 가리지 않고 대항력이 있지만 경매나 공매로 매각된 경우 전입신고를 했더라도 말소기준등기일보다 전입일자가 빠른 임차인(선순위 임차인)만 대항력이 있고, 전입일자가 늦은 임차인(후순위 임차인)은 대항력이 없다.

일반상황(매매·교환·증여 등) : 대항력요건(주택의 점유 + 전입신고) = 대항력

경매·공매 : 대항력요건(주택의 점유 + 전입신고) + 선순위 임차인 = 대항력

일반적인 상황(매매·교환·증여)에서 전입신고 한 임차인은 순위에 상관없이 대항력이 있기에 거주하는 동안 해당 주택이 매매된 경우 보증금 전액을 새 집주인에게 반환받을 수 있다.

한편 경매나 공매 시 선순위 임차인은 배당요구를 하여 본인의 보증금을 전액 배당받거나, 배당받지 못한 일부 보증금은 낙찰자에게 요구할 수 있다. 아니면 배당요구를 하지 않고 계약 기간 만료까지 거주 후 낙찰자(새 집주인)로부터 전액의 보증금을 돌려받고 집을 비워줄 수도 있다. 즉, 보증금 전액을 배당으로 받을지, 낙찰자로부터 받을지를 마음대로 선택할 수 있다.

문제는 후순위 임차인이다. 대항력이 없어 낙찰자에게 요구를 할 수 없다. 따라서 반드시 배당요구를 해 매각 대금에서 배당받아야 하

는데, 문제는 배당금이 자신이 받아야 할 보증금에 못 미쳐도 그 차액을 낙찰자에게 요구할 수 없다는 점이다. 최악의 경우 보증금 전액을 날리고 한 푼도 배당받지 못해도 낙찰자에게 요구할 수 없고 집을 비워줘야 한다.

PLUS TIP

세입자가 배당요구를 하기 위해 필요한 또 한 가지, '확정일자'

동사무소에서는 주택임대차계약을 체결한 날짜를 확인해주기 위해, 임대차계약서에 해당 날짜가 찍힌 도장을 찍어주는데 이를 확정일자라 한다. 세입자는 전입신고 외에도 확정일자를 받아두어야만 추후 배당요구를 할 수 있다.

보통은 전입 날짜와 확정일자가 동일하지만 두 날짜가 서로 다른 경우에는, 둘 중 늦은 날짜를 기준으로 배당 순서가 정해진다.

전입신고가 정확해야 대항력이 발생한다

임차인이 점유와 전입신고라는 요건을 갖췄을 때 대항력이 발생하는데, 만약 전입신고 시 잘못 기재한 부분이 있다면 대항력이 발생할 수 없다.

① 단독주택

단독주택은 건축물관리대장 또는 등기사항전부증명서의 지번과 주민등록 지번이 일치해야 한다.

② 다가구주택

다가구주택은 건축법상 단독주택에 해당되므로 주민등록은 지번만 기재해도 된다. 즉, 소유자가 편의상 구분해놓은 호수까지 기재하지 않아도 대항력이 발생한다.

③ 공동주택(아파트, 다세대주택 등)

공동주택은 지번 외에 동·호수도 기재해야 한다. 동·호수를 누락하거나 주민등록상 동·호수와 다르게 기재한 경우 대항력을 취득할 수 없다. 건축물관리대장 명칭과 건물 외벽의 명칭이 다른 경우 건축물관리대장이 기준이 된다(주민등록법 시행령 제9조4항).

실무에서 간혹 전입신고가 잘못된 사례를 접하게 된다. 흔한 예로, 등기상의 호수와 현관문에 부착한 호수가 다른 경우가 그렇다. 소유자가 빠른 분양을 위해 반지하를 101로, 1층을 201호로 표기했으나 실제 건축물대장에 반지하는 비01, 1층이 101호로 기재될 수 있다. 이때 1층에 전입하는 임차인은 건축물대장대로 101호로 전입신고를 해야 한다. 만약 현관문 표식대로 201호로 전입신고하면 대항력을 취득할 수 없다. 따라서 임대차계약을 할 때는 건축물대장까지 꼼꼼히 살펴 올바른 주소로 전입신고를 해야 한다.

전세권을 모르고서 경매하지 말라

첫 아파트 낙찰,
보증금만 버리고 포기한 이유

혼자 배운 부동산 경매의 결과

"2017타경 ○○○, 낙찰자는 김진한 씨 입니다"

부동산 경매에 관심을 갖고 입찰하길 여러 차례, 드디어 낙찰이라는 짜릿한 결과를 안은 박주환 씨는 낙찰영수증을 받기 위해 법대 앞으로 나갔다. 떨리는 손으로 영수증을 건네받으면서도 도무지 실감이 나지 않았다. 그런데 이내 알게 된 한 가지 사실에 기쁜 마음은 순식간에 사그라들고 말았다.

입찰자가 자기 한 명뿐이어서 단독 낙찰되었다는 것이다. 뭔가 이상하다는 생각이 들었다. 그동안 입찰했던 물건들은 여러 명의 입찰자들과 경쟁을 치른 끝에 번번이 고배를 마셨던 터였다.

'왜 입찰자가 혼자지?'

박주환 씨는 법원을 나오면서도 찜찜한 기분을 떨칠 수 없었다. 한편으론 '다른 사람들이 이 물건을 못 봤나보다' 하는 생각으로 불안감을 달랬다.

며칠 후, 임차인이 살고 있는 해당 아파트를 찾았다. 낙찰 소식을 알리고 이사 날짜를 협의해야 했다.

'딩동.'

초인종이 울리자 안에서 인기척이 들렸다.

"누구세요?"

"낙찰자입니다."

"네? 누구시라고요?"

"경매 낙찰자요. 이 아파트를 낙찰 받은 사람입니다."

이윽고 문이 열리더니 40대 초반으로 보이는 임차인이 얼굴을 내밀었다. 박주환 씨는 긴장한 기색을 누르며 애써 담담한 척 임차인을 마주보았다.

"며칠 전 이 집을 낙찰 받았습니다. 그러니 곧 집을 비워주셔야 합니다."

"그게 무슨 말씀이세요? 제가 왜 이사를 가야 하죠?"

말뜻을 못 알아듣는 듯한 임차인에게 다시 한 번 차근차근 설명을 했다. 잔금을 내면 자신이 새 집주인이 될 것이고, 이 집은 곧 팔 예정이므로 이사를 해야 한다는 내용이었다. 그 말을 들은 임차인의 얼굴에서 묘한 표정이 떠올랐다.

"저는 대항력 있는 임차인입니다. 내년 전세 만기까지 여기서 거주할 예정이에요. 내년에 이사 나갈 때 낙찰자께서 전세보증금 물어주셔야 한다는 거 알고 계시죠?"

"뭐라고요? 제가 왜 보증금을 물어줍니까?"

"전 대항력이 있으니까요."

당황한 박주환 씨는 서둘러 집으로 돌아왔다. 인터넷 검색창에 '대항력 있는 임차인'을 검색해보고 그러고도 납득이 되질 않아 법원 경매계에 전화를 걸어 물어보았다. 결과는 임차인이 아까 했던 말과 같았다. 대항력 있는 임차인이 배당요구 하지 않았으니 낙찰자가 인수해야 한다는 것이다.

'아뿔싸……'

낙찰 금액에 임차인의 전세 보증금까지 물어준다면 시세보다 1억 5,000만 원이나 더 비싸게 산 꼴이다. 후회가 밀려왔다. 시세보다 저렴하게 사자고 시작한 부동산 경매인데 혹독한 결과가 돌아왔다. 시세를 조사하고 적절한 가격에 낙찰 받으면 되는 줄 알았는데 그게 아니었다. 낙찰의 기쁨은 한순간에 고통이 되고 말았다.

시일이 지나 잔금납부기일이 도래했지만 잔금을 납부할 수가 없었다. 잔금을 납부하는 순간 집주인이 되어서 임차인을 인수해야 하기 때문이다. 결국 잔금을 미납하고 2,000여 만 원의 입찰보증금이 몰수되었다.

박주환 씨는 이렇게 한순간에 큰돈을 날린 것을 계기로, 부동산 경매 공부를 제대로 해야겠다는 결심을 하게 되었다. 인수되는 권리와 소멸되는 권리 등에 관한 정확한 부동산 경매 지식이 필요했다. 이리저리 알아본 끝에 우리 학원과 인연을 맺게 되었고 1년 동안 공부를 계속하면서 안전한 입찰을 진행해나갔다. 어떤 경우는 명도 과정에서 어려움을 겪기도 했지만, 지금은 임대와 매매 노하우까지 익혀서 다방면으로 활동하는 중이다.

배당요구 없는 선순위 임차인은 인수된다

부동산 경매에서 임차인의 대항력을 따지는 것은 필수지만, 앞선 사례처럼 이를 잘 몰라서 입찰보증금을 몰수당하는 일이 심심치 않게 일어난다.

오른쪽의 사례도 비슷한 경우다. 감정가 6억 5,800만 원의 아파트가 경매로 나왔는데 두 명의 낙찰자가 잔금을 차례로 미납했다. 두 사람은 약 2,250

구분	입찰기일	최저매각가격	상태
1차	2018-12-11	658,000,000	유찰
2차	2019-01-22	460,600,000	유찰
3차	2019-02-26	322,420,000	유찰
4차	2019-04-02	225,694,000	낙찰
낙찰 347,000,000원 (53%) (응찰 : 3명 / 낙찰자 : ▨▨ / 차순위 : 290,000,000) 매각결정기일 : 2019.04.09 - 매각허가결정 대금지급기한 : 2019.05.16 / 미납			
5차	2019-06-11	225,694,000	낙찰
낙찰 366,999,000원 (56%) (응찰 : 1명 / 낙찰자 : ▨▨) 매각결정기일 : 2019.06.18 - 매각허가결정 대금지급기한 : 2019.07.26 / 미납			
6차	2019-08-20	225,694,000	낙찰
낙찰 230,000,000원 (35%) (응찰 : 2명 / 낙찰자 : ▨▨ / 차순위 : 226,100,000) 매각결정기일 : 2019.08.27 - 매각허가결정 대금지급기한 : 2019.09.30 대금납부 : 2019.09.30 / 배당기일 : 2019.10.31 배당종결 : 2019.10.31			

두 명의 낙찰자가 모두 잔금을 미납했다

만 원과 4,500만 원(재매각 20퍼센트)에 달하는 입찰보증금을 각각 몰수당했다. 왜 이런 결과가 나왔는지, 이 아파트의 매각물건명세서를 살펴보자.

사 건	2018타경5459 부동산강제경매		매각물건번호	1	작성일자	2019.08.05	담임법관(사법보좌관)		조남흥	
부동산 및 감정평가액 최저매각가격의 표시	별지기재와 같음		최선순위 설정	2018.06.19. 강제경매개시결정			배당요구종기		2018.08.30	

부동산의 점유자와 점유의 권원, 점유할 수 있는 기간, 차임 또는 보증금에 관한 관계인의 진술 및 임차인이 있는 경우 배당요구 여부와 그 일자, 전입신고일자 또는 사업자등록신청일자와 확정일자의 유무와 그 일자

점유자 성 명	점유 부분	정보출처 구 분	점유의 권 원	임대차기간 (점유기간)	보 증 금	차 임	전입신고 일자. 사업자등록 신청일자	확정일자	배당 요구여부 (배당요구일자)
▦		현황조사	주거 임차인				2016.09.23		

〈비고〉

※ 최선순위 설정일자보다 대항요건을 먼저 갖춘 주택·상가건물 임차인의 임차보증금은 매수인에게 인수되는 경우가 발생 할 수 있고, 대항력과 우선변제권이 있는 주택·상가건물 임차인이 배당요구를 하였으나 보증금 전액에 관하여 배당을 받지 아니한 경우에는 배당받지 못한 잔액이 매수인에게 인수되게 됨을 주의하시기 바랍니다.

등기된 부동산에 관한 권리 또는 가처분으로 매각으로 그 효력이 소멸되지 아니하는 것

매각에 따라 설정된 것으로 보는 지상권의 개요

비고란

재매각매수보증금 20%임. 2018. 12. 21.자로 임차인 최▦으로부터 매각부동산에 대해 아파트 필요비 개보수 비용 금 1,800,000원의 유치권신고서가 제출되었으나. 그 성립 여부는 불분명함.

해당 물건의 매각물건명세서 내역

해당 주택의 말소기준등기는 2018년 6월 19일의 강제경매개시결정이다. 그런데 이 주택에는 전입일자가 2016년 9월 23일인, 말소기준등기보다 날짜가 빠른 선순위 임차인이 거주하고 있다. 이 임차인은 배당요구를 하지 않았기에 배당을 받지 못하는 임차인이며(이 사건의 임차인은 확정일자가 없어 배당요구를 해도 배당받지 못한다), 대항력이 있으므로 낙찰자에게 인수되는 임차인이다.

이런 경우 임차인의 권리신고가 없으므로 해당 임차인의 임차보증

금 및 잔여 계약일을 정확히 조사한 후 입찰에 들어가야 한다. 그렇지 않으면 나중에 임차인을 만났을 때 생각보다 높은 임차보증금을 인수해야 한다는 사실을 깨닫고 이 사례처럼 잔금 미납으로 이어질 수 있으니 주의해야 한다.

선순위 전세권자의 배당요구를 살펴야 한다

구분	입찰기일	최저매각가격	상태
1차	2018-09-04	242,000,000	유찰
2차	2018-10-16	169,400,000	유찰
3차	2018-11-20	135,520,000	유찰
4차	2019-01-08	108,416,000	낙찰
낙찰 168,000,000원 (69%) (응찰: 1명 / 낙찰자: ▨▨) 매각결정기일 : 2019.01.15 - 매각허가결정 대금지급기한 : 2019.02.22 / 미납			
5차	2019-03-19	108,416,000	유찰
6차	2019-04-23	86,733,000	유찰
7차	2019-06-04	69,386,000	유찰
8차	2019-07-16	55,509,000	유찰
9차	2019-08-27	44,407,000	유찰
10차	2019-10-08	35,526,000	낙찰
낙찰 36,000,000원 (15%) (응찰: 1명 / 낙찰자: ▨▨)			

해당 아파트의 입찰 진행 내역

왼쪽 사례는 감정가 2억 4,200만 원의 아파트가 경매에 나온 경우였다. 4차까지 유찰된 후 1억 6,800만 원에 낙찰 받은 사람이 있었지만 잔금을 미납하며 보증금을 몰수당했다. 이후 다시 경매가 진행돼 10차에 3,600만 원에 낙찰이 되었지만 이 낙찰자 역시 잔금을 미납했고, 결국 13회차에 약 3,050만 원으로 낙찰되며 매각이 마무리되었다. 그럼 먼저 입찰한 사람들은 무슨 오류가 있었기에 대금을 미납할 수밖에 없었는지 매각물건명세서를 살펴보자.

사건	2018타경64161 부동산강제경매	매각물건번호	1	작성일자	2020.03.10	담임법관(사법보좌관)	박상익	
부동산 및 감정평가액 최저매각가격의 표시	별지기재와 같음	최선순위 설정	2018.04.24.경매개시결정			배당요구종기	2018.07.16	

부동산의 점유자와 점유의 권원, 점유할 수 있는 기간, 차임 또는 보증금에 관한 관계인의 진술 및 임차인이 있는 경우 배당요구 여부와 그 일자, 전입신고일자 또는 사업자등록신청일자와 확정일자의 유무와 그 일자

점유자 성명	점유 부분	정보출처 구분	점유의 권원	임대차기간 (점유기간)	보증금	차임	전입신고 일자, 사업자등록 신청일자	확정일자	배당요구 여부 (배당요구일자)
송▦▦		현황조사	알수없음 임차인					2013.07.04	
이▦▦	전부	등기사항 전부증명서	주거 전세권자	2013.08.10-20 15.08.10	190,000,000				

〈비고〉
송▦▦ 전세권자 이▦▦의 배우자임
이▦▦ 전세금 160,000,000원에 대한 전세권설정등기일은 2013.07.04., 전세금 금 190,000,000원으로 변경된 전세권변경등기일은 2015.02.23.임

※ 최선순위 설정일자보다 대항요건을 먼저 갖춘 주택·상가건물 임차인의 임차보증금은 매수인에게 인수되는 경우가 발생할 수 있고, 대항력과 우선변제권이 있는 주택·상가건물 임차인이 배당요구를 하였으나 보증금 전액에 관하여 배당을 받지 아니한 경우에는 배당받지 못한 잔액이 매수인에게 인수되게 됨을 주의하시기 바랍니다.

등기된 부동산에 관한 권리 또는 가처분으로 매각으로 그 효력이 소멸되지 아니하는 것
"을구 순위 10번 전세권설정등기(2013. 7. 4. 등기)는 말소되지 않고 매수인에게 인수될"

매각에 따라 설정된 것으로 보는 지상권의 개요

비고란

해당 물건의 매각물건명세서 내역

매각물건명세서를 보면 점유자 이○○은 2013년 7월 4일에 전입신고를 한 전세권자다. 송○○(이○○의 배우자)의 전입신고도 같은 날짜다. 말소기준등기가 2018년 4월 24일 경매개시결정이므로, 위 임차인은 임차보증금 1억 9,000만 원에 대해 선순위 임차인과 선순위 전세권자의 지위를 동시에 갖는다. 매각물건명세서에서 보듯 전세권자가 배당요구를 하지 않았으므로 선순위 전세권 등기는 말소되지 않고 인수된다. 물론 임차인의 대항력도 유지된다.

따라서 이 물건에 입찰하는 사람은 임차인의 보증금 1억 9,000만 원과 남은 계약 기간을 인수해야 한다. 그런데 4차 때 낙찰 받은 사

람은 1억 6,800만 원에 입찰했으니 인수하는 보증금을 더하면 3억 5,800만 원에 집을 산 셈이 된다. 감정가인 2억 4,200만 원보다도 1억 원 이상 비싸게 집을 사게 생겼으니 잔금을 미납할 수밖에 없다. 그 다음 사람도 3,600만 원에 입찰했지만 인수되는 보증금을 합하면 결과적으로 2억 2,600만 원에 낙찰 받은 격이라 마찬가지로 고민 끝에 잔금을 미납한 것으로 보인다.

전세권, 그때그때 다르다

전세권을 설정하는 이유

전세권 설정 등기에 대해 설명하기 전에 먼저 전세권에 대해 간략히 설명을 할까 한다. 만약 임차인이 어떤 집에 전세를 들어 살기로 계약을 했다면 이것은 전세(채권) 계약이다. 하지만 전세 계약과 더불어 전세권을 설정하기로 소유자의 동의를 얻고, 이후 등기부에 전세권 설정 등기를 했다면 전세권(물권) 계약을 한 것이다. 전세권을 설정하면 해당 부동산에 권한이 생긴다. 따라서 계약 기간이 끝났는데도 임대차보증금을 돌려받지 못할 경우, 해당 부동산을 경매 신청할 수 있는 권리가 있다.

실제로 전세권 설정 등기를 하는 경우는 다양하다. 먼저 해당 주택에 전입신고를 하지 못하는 임차인인 경우 대항력을 유지하기 위해 전세권 설정을 한다. 전입신고를 하는 임차인도 전입신고만으로는

순위번호	등 기 목 적	접 수	등 기 원 인	권리자 및 기타사항
10	전세권설정	2013년7월4일 제139812호	2013년7월4일 설정계약	전세금 금160,000,000원 범 위 건물전부 존속기간 2013년 8월 10일부터 2015년 8월 10일까지 전세권자 이⬛️⬛️ 560630-****** 광주광역시 북구 호동로 100, 104동 302호 (우산동, 현대아파트)
10-1				10번 등기는 건물만에 관한 것임 2013년7월4일 부기
10-2	10번전세권변경	2015년2월23일 제38738호	2015년2월17일 변경계약	전세금 금190,000,000원

등기부등본에 전세권 설정 등기가 된 경우

뭔가 불안하다고 느껴 이중으로 안전장치를 마련한다는 생각에 전세권 설정까지 시도하기도 한다. 또한 확정일자를 못 받은 임차인이나, 점유를 지속적으로 할 수 없는 임차인도 전세권 설정을 고려한다.

다만 전세권은 임차인이 원한다고 해서 무조건 설정할 수 있는 것이 아니라 소유자의 동의가 필요하다. 만약 소유자가 동의해주지 않으면 전세권을 설정할 수 없다. 또한 전세권 설정에는 비용이 발생한다. 2억 원의 전세 계약인 경우, 법무사 비용까지 포함해 대략 100만 원 전후 비용이 발생하며 이 금액은 통상 임차인이 부담한다.

전세권의 위치 변경

선순위 전세권자가 있는 주택이 경매에 등장하는 경우는 크게 두 가지이며, 각 상황에 따라 전세권 소멸 여부가 갈린다.

첫째, 전세권자가 경매를 신청하는 경우

전세 기간 만료 전에(법적으로는 계약 만료 1개월 전까지 통보, 2020년 12

월 10일자 계약부터는 만료 2개월 전까지 통보, 원활한 이사 협의를 위해 실무에서는 만료 3개월 전에 통보하는 경우가 많다) 미리 소유자에게 이사 간다는 언급을 해놓은 상태지만 계약 기간이 만료될 때까지 임차보증금을 반환받지 못했을 경우가 여기에 해당한다.

전세 시세가 하락해 그만큼의 임차보증금을 낼 임차임을 구할 수 없거나, 해당 등기부에 타 권리들이 설정된 경우 임대가 되기 어려워서 이런 상황이 벌어진다. 이렇게 선순위 전세권자의 경매 신청으로 임의경매가 진행되어 매각된 경우 전세권은 소멸한다.

둘째, 후순위 권리자가 경매를 신청하는 경우

선순위 전세권자는 계약 기간 동안 잘 거주하고 있는데 후순위 채권자가 경매를 신청한 경우 전세권자의 입장에 따라 전세권의 소멸 여부가 나뉜다. 법원에서는 전세권자에게 권리신고 및 배당요구를 할 수 있도록 안내서를 보낸다. 다만 권리신고 및 배당요구는 필수가 아니어서 전세권자의 선택에 따라 할 수도 있고, 안 할 수도 있다.

선순위 전세권자가 배당요구를 하면 전세권자는 배당에 참여하게 되며, 이때 전세권은 소멸된다. 그럼 선순위 전세권자가 배당요구를 하지 않으면 어떻게 될까? 법원은 배당을 하지 않고 전세권을 유지시킨다.

배당요구를 한다는 것은 이 집을 나간다는 것을 전제로 한다. 다시 말해 전세권자가 배당요구를 하지 않았다는 것은 해당 주택에서 계약이 만료될 때까지 살고 싶다는 의미다. 이제 추후 경매로 집이 매각되더라도 법원은 선순위 전세권을 말소하지 않는다. 보증금을 돌려받지 않았는데 전세권을 말소해버리면 전세권자가 돈을 돌려받을 길이 막히기 때문이다. 이에 따라 전세권자의 권리는 낙찰자에게 그대로 인수된다(이는 선순위 전세권의 얘기다. 후순위 전세권은 매각으로 무조건 말소되니 구분해야 한다).

앞서 예시로 든, 입찰 보증금을 날린 사례가 바로 이런 경우다. 후순위 채권자의 신청으로 경매가 진행된 사건에서 선순위 전세권자가 배당요구를 하지 않은 상황이다. 선순위 전세권은 무조건 매각으로 인해 소멸되는 게 아니라 때에 따라 다르다는 점을 기억해야 한다.

핵심만 요약한 전세권 상식

· 선순위 전세권은 말소기준등기가 될 수도, 그렇지 않을 수도 있다.
· 선순위 전세권이 말소기준등기가 되려면 우선 집합 건물의 전유 부분 전체, 혹은 개별 건물 전체에 설정한 전세권이어야 한다. 간혹 다가구주택인 경우 건물 일부에 설정한 전세권이 있는데, 이런 경우에는 말소기준등기가 되지 못한다. 일부에 설정한 전세권은 건물 전체에 대한 경매 신청권이 없기 때문이다.
· 건물 전체에 설정한 선순위 전세권이 말소기준등기가 되는 경우는 아래와 같다.
① 전세권자가 경매를 신청했을 때
② 후순위 권리자가 경매를 신청한 경우 선순위 전세권자가 배당요구를 했을 때
즉, ① 또는 ②에 해당하는 경우에만 전세권이 말소기준등기가 된다. 다시 말해, 선순위 전세권이 경매 매각으로 소멸되지 않는 경우는 전세권자가 경매를 신청하지 않은 경우, 후순위 권리자가 신청한 사건에서 선순위 전세권자가 배당요구 하지 않은 경우다.

당연배당권자와 배당요구권자

부동산 경매 신청이 진행되면 담당 경매계에서는 채권자들에게 배당요구를 하라는 통지를 보낸다. 이때, 배당요구를 하지 않아도 배당이 되는 채권자(당연배당권자)가 있고, 배당요구를 꼭 해야만 배당을 받는 채권자(배당요구권자)가 있다.

당연배당권자로는 첫 경매개시결정등기보다 빠른 근저당권(저당권), 가압류, 담보가등기, 후순위 전세권 등이 있다. 배당요구권자로는 선순위 전세권, 임차인의 우선변제권 및 최우선변제권, 첫 경매개시결정 등기 이후에 기입된 근저당권(저당권), 가압류, 담보가등기, 조세 등이 있다.

예를 들어 등기부 현황이 다음 페이지의 그림과 같을 때를 보자. 첫 경매개시등기보다 빠른 두 건의 근저당권, 두 건의 가압류 채권자는 당연배당권자이지만, 첫 경매개시등기보다 늦은 네 건의 가압류 채권자는 배당요구권자에 해당한다. 따라서 이를 모르고 배당요구를

접수번호	등기목적	권리자	채권금액
1992.10.14 (41314)	소유권이전	이상욱	
2016.09.01 (159950)	근저당권	대한저축은행	228,000,000
2020.01.15 (9232)	근저당권	임곡농협	55,000,000
2020.06.15 (109263)	가압류	신용보증기금	100,000,000
2020.06.22 (113350)	가압류	광주은행	255,021,933
2020.06.25 (115699)	임의경매	대한저축은행	청구금액 191,558,389
2020.07.15 (128650)	가압류	농협중앙회	213,936,768
2020.07.15 (128934)	가압류	농협은행	89,293,529
2020.08.25 (156211)	가압류	중소기업은행	28,493,334
2020.08.28 (159200)	가압류	삼성카드	14,097,223

등기부 현황 사례

하지 않으면 배당금액이 남더라도 배당을 받지 못하게 되며, 남는 금액은 소유자에게 귀속된다(배당요구한 가압류 채권자인 경우 판결정본으로 청구하기 전까지 해당 금액은 우선 법원에 공탁된다).

명도 협상 때문에
경매 안 한다는 건 핑계다

인기척 없는 집과 수상한 집주인,
어떻게 명도를 진행해야 할까?

모르쇠 전략으로 나오는 소유자를 만나다

낙찰을 받으면 점유자와 명도 협상을 하는 과정이 필수적으로 따라온다. 수월하게 명도 협의가 진행되는 경우도 많지만 간혹 예상과 다른 상황이 벌어지기도 한다. 실제로 나는 주택을 문제없이 낙찰 받은 후, 배당을 받는 소액임차인을 대상으로 강제집행 신청을 두 번이나 한 경우가 있었다.

해당 부동산에는 보증금 3,000만 원에 거주하는 소액임차인이 있었다. 배당요구종기일 안에 제대로 배당 요구를 했기에 최우선변제권으로 전액 배당을 받으니 명도에 아무런 문제가 없었던 물건이다.

대화로 순조롭게 일을 처리할 수 있겠거니 하고 마음을 놓고 있었다. 그런데 낙찰 후 그 집에 찾아갔더니 인기척이 없어 사람을 만날 수가 없었다. 이래선 안 되겠다 싶어 경매 서류를 열람한 후 임대차계약서(법원에 권리신고 및 배당요구를 할 때 첨부된 계약서)에 적힌 임차인의 번호를 보고 전화를 걸었다. 몇 번을 전화해도 받지 않고 문자를 했는데도 회신이 없었다. 결국 '이대로 아무 연락이 없으면 강제집행 할 수밖에 없다'는 내용의 문자를 보내고 나서야 회신이 왔다.

그런데 전화를 받자마자 하는 첫마디가 심상치 않았다.

"제 번호는 어떻게 아셨어요? 누구신데 저한테 그런 이상한 말을 하는 거예요?"

정말로 영문을 모르겠다는 눈치였다. 통화를 해보니 이 사람은 임차인이 아니었고, 이 경매 사건과는 아무런 관계가 없는 사람이었다. 나도 이런 경우는 처음이라 당황스러웠다.

처음에는 '누가 임대차계약서에 연락처를 잘못 적었을까?' 하고 생각했지만 전화번호 외에도 이상한 점은 또 있었다. 임대차계약서가 공인중개사의 날인이 없이 직거래로 적은 것이라는 점이었다. '혹시 최우선변제를 노리고 제3자를 임차인으로 신고했을까?'라는 생각이 들었고, 바로 소유자에게 전화를 걸어 아무것도 모르는 척, 슬쩍 떠보았다.

"저 낙찰자입니다. 임차인이 최우선변제를 다 받을 수 있는 상황인데 연락이 안 돼 소유자 분께 직접 전화를 드렸습니다. 제가 어떻게 협조하면 될까요?"

내 말을 들은 소유자는 헛기침을 했다. 실상 이 임차보증금이 사실이라면 엄연히 임차인의 돈이라 소유자가 개입할 여지는 전혀 없는 상황이었다. '난 상관없는 일이요'라고 끊어도 이상할 게 없는데도 소유자는 뭔가 자꾸 설명을 하려고 시도하다가 이내 불리한 진술이 나올 것 염려했는지 헛기침을 하길 반복했다. 결국 본인은 모르는 일이니 변호사랑 얘기하라며 변호사 전화번호를 알려주고는 전화를 끊었다.

받은 번호로 전화를 걸어 낙찰자라고 밝혔다. 이 사람(알고 보니 변호사 사무실에 근무하는 사무장이었다)의 반응은 더 수상쩍었다.

"아, 낙찰자시면 잔금 내시면 되고요, 임차인 문제는 배당받고 나서 얘기하시죠."

배당기일에 임차인이 법원에 간다고 무조건 배당을 해주는 것이 아니다. 집을 비우고 이사 나갔다는 낙찰자의 명도확인서와 인감증명서가 있어야 배당을 받을 수 있다. 그래서 재차 물었다.

"이사 계획을 제게 말해주셔야 제가 언제 명도확인서를 드릴지 알 수 있지 않겠습니까?"

"말 길게 하지 말고, 배당받고 얘기하자니까 그러네요."

"좀 전에도 말씀드렸지만 제 명도확인서와 인감증명서가 있어야 임차인이 배당을 받으신다니까요."

"당신 지금 나 협박하는 거요?"

"아니요, 협박하다니요. 절차를 알려드렸을 뿐입니다."

"긴말할 거 없이 배당받고 나서 얘기합시다."

대화가 안 돼 우선 전화를 끊었다. 집은 여전히 인기척이 없고 쪽지를 남겨도 연락이 없었다. 그 사이 배당기일도 지났는데 반응이 없었다. 어쩔 수 없이 인도명령을 신청했지만 역시나 받질 않아 공시송달까지 갔다. 이때 인도명령은 소유자와 배당을 요구한 임차인을 대상으로 각각 받았다. 막상 법원서 강제집행을 하러 갔는데 임차인은 없고 소유자가 있으면 또 다시 인도명령을 받아야 하므로 시간이 많이 소요될 터, 처음부터 두 사람 모두를 대상으로 강제집행을 신청했고 두 개의 결정문을 받아 집행 절차를 줄일 수 있었다.

부동산 경매를 진행하다 보면 이처럼 점유자가 누구인지 의심이 가는 상황이 생길 수 있다. 그럴 경우에는 한 사람만 콕 짚어서 인도명령을 신청하지 말고 의심이 가는 사람까지 범위를 확대하는 편이 안전하다. 시간을 허비하면 결국 그만큼 손실을 입게 된다.

강제집행에 대한 흔한 오해

꼭 경매를 할 때만이 아니라 부동산을 보유하고 있어서 세입자를 들이다 보면, 원치 않아도 한 번쯤 경험하게 되는 것이 바로 강제집행이다.

많이들 하는 오해가 '실력이나 요령이 없으니까 강제집행까지 가는 거지.' 하는 것이다. 하지만 상대방이 대화를 하지 않으려 마음먹으면 내가 아무리 의지가 있더라도 방법이 없기 때문에 법의 힘을 빌려야 한다.

이렇게 말하는 사람들도 있다.

"어유, 드라마에 나오는 것처럼 빨간 딱지 붙이고 힘없는 가족들 마구잡이로 몰아내는 거 아니야?"

이 역시 오해다. 법원은 집행관을 비롯해 강제집행과 관련된 전문 인력을 보유하고 있다. 미리 예고한 날짜에 해당 부동산을 방문하면 정중히 상황 설명을 하고서 숙달된 절차에 따라 신속히 점유자의 동산을 외부로 옮긴다. 사전에 수차례 고지를 했기 때문에 대부분의 점유자들은 이 단계에서 크게 저항하지 않는다.

PLUS TIP

강제집행 시 가족도 증인이 될 수 있다

강제집행 시 현장에는 증인 두 명이 필요하다. 이때 낙찰자의 배우자, 부모, 성년 자녀 등 가족도 증인이 될 수 있다(미성년자는 제외). 증인은 개문 시점부터 집행을 마칠 때까지 참석해야 한다. 간혹 지레짐작으로 가족은 증인이 될 수 없을 것 같아 다른 지인을 동원하느라 애쓰는 경우가 있는데 굳이 그러지 않아도 된다.

나중에 점유자 측이 가족이 증인이란 이유로 무효를 주장하더라도 기각된다. 왜냐하면 법에서는 성년 두 사람을 증인으로 참석시키라고 했을 뿐, 가족은 안 된다는 규정이 없기 때문이다.

그러니 강제집행에 막연한 거부감을 가질 필요는 없다. 내 재산상의 손해를 막고, 경제적 계획에 차질이 생기지 않도록 강제집행에 관해 미리 알아두는 것이 좋다.

송달의 확률을 높이려면

강제집행을 신청하기 위해서는 일정한 절차가 필요하다. 먼저 관할법원 집행관 사무실에 방문해 인도명령결정문 정본, 송달증명원, 강제집행신청서를 제출해야 한다. 따라서 아무리 인도명령결정문이 나왔어도 송달이 되지 않으면 무용지물이 된다. 이런 이유로 법을 잘 아는 점유자가 일부러 송달을 기피하면서 일정이 지연되는 경우도 많다.

우체국에서 보낸 우편송달이 도달하지 않은 경우 재송달보다는 특별송달을 신청하는 게 좋다. 우편송달은 집배원이 가지만 특별송달은 법원 집행관이 간다. 특별송달에는 통합, 주간, 야간, 휴일송달이 있다. 통합송달은 주간, 야간, 휴일에 각 한 번씩 총 세 번 가는 송달방법이다. 그 외 특별송달은 선택한 방법으로 3회까지 방문해보고 송달물 교부에 실패하면 송달불능으로 처리한다.

예를 들어 주간 특별송달을 신청한 경우 집행관은 낮 시간대에만 방문하는데, 만약 송달 대상자가 직장에 다니느라 주로 밤 시간에만 집에 머문다면 송달물을 받지 못할 가능성이 높다. 이 때문에 주간 송달이 실패하면 다시 야간 송달 또는 휴일 송달을 신청해야 한다. 따라서 특별송달 신청 시 처음부터 통합송달로 신청하는 게 더 신속한 방법이다.

참고로, 특별송달료는 통합 2만 1,500원, 주간 1만 6,000원, 야간 1만 6,500원, 휴일 1만 6,500원이다(법원에 따라 다소 차이가 있을 수 있다).

송달을 신청했다고 가만히 기다리지만 말고, 송달 담당자에게 적극적으로 의사 표현을 하면 효과적이다. 한 예로, 해당 점유자가 직장인이라면 '저녁 7시쯤 퇴근하니 그 이후 방문을 해달라'고 요청하거나 또는 '아침 8시에 출근하니 그 전에 방문을 요청한다'는 등 구체적인 시간을 표현하면 유리하다. '일요일 오전에는 종교 모임에 가니 오후 4시 이후 송달해달라'는 요청도 물론 가능하다. 이렇게 적극적으로 의사표현을 할수록 집행관은 민원을 우려하게 되고 긴장하게 된다. 따라서 민원인이 원하는 시간대에 최대한 송달하려 노력하여 송달 확률이 높아진다.

만약 특별송달까지 했는데도 송달이 되지 않았다면 법원에 요청해서 공시송달을 할 수 있다. 이는 법원 게시판에 공시하는 방법으로 2주 후에는 도달 효력이 발생한다. 결과적으로 특별송달에 비해 공시송달은 많은 시간이 소요되므로 최대한 적극적인 방법으로 미리 송달을 마치는 것이 바람직하다.

강제집행 비용, 얼마나 들까?

강제집행에 필요한 비용은 원칙적으로 채무자가 부담해야 한다. 즉, 강제집행의 준비와 실시를 위한 모든 비용은 채권자(낙찰자)가 우선 지출하지만 이후 비용 부담의 재판 없이 채무자에게서 변상받게 된다.

구체적으로 비용을 따져보면 일반 노무자 1인에 대한 수당은 12만 원(9만 원에서 인상됨)이며, 자재 비용(종이박스, 마대 등으로 30평 기준 10만 원 내외) 등이 소요되므로 노무자 1인당 13만 원 정도로 산출할 수 있다.

동원되는 노무자 수는 기준 평수 20평~30평인 경우 9~11명이다. 짐이 많거나 무거운 기구가 있어 인원이 더 투입되거나 중장비가 필요한 경우는 비용이 추가될 수 있다. 참고로 노무자들은 조끼를 입고 있어 숫자를 쉽게 파악할 수 있다. 만약 동원된 노무자 수가 다르면 집행관에게 이의를 제기할 수 있다.

부동산 인도를 위한 강제집행의 목적물은 건물이므로, 목적물 이외의 내부에 있는 동산은 점유자의 소유다. 따라서 그 동산을 물류센터에 보관해 점유자가 찾아가도록 해야 한다. 운반 차량은 5톤 화물차(컨테이너) 50만 원이 소요된다(사다리차 비용 별도). 보관료는 5톤 컨테이너 한 대 기준 1개월에 20만 원이며 3개월분을 미리 예납해야 한다. 물류센터 비용은 5톤 한 대 당 110만원(운반비 50만 원 + 3개월 보관료 60만 원)이다.

예를 들어 30평 정도의 아파트를 강제집행하게 된다면 노무자 열두 명의 인건비 약 150만 원, 5톤 화물차 한 대 110만 원으로 총 집행 비용이 약 260만 원 정도 소요된다. 주택 안에 짐이 많아 5톤 화물차 한 대가 더 필요하다면 총 370만 원으로 계산할 수 있다.

집행비용은 집행이 종료된 후 낙찰자가 직접 법원에 집행비용확정신청을 해 결정문을 받게 된다. 집행비용결정문이 확정되면 확정 판결과 같은 효력이 있어, 채무자의 재산에 강제집행이 가능하다. 실무에서는 확정된 집행비용결정문으로 채무자의 동산을 경매신청한 뒤 낙찰 받아 상계처리하는 경우가 많다.

6장

재테크의 새로운 희망,
공매

수익성 높은데
망할 걱정도 없는 공매

망할 걱정 없는
장사를 원한다면

1,000만 원만 있다면 나도 주차장 사장님!

부동산을 저렴하게 취득하는 방법으로 경매와 쌍벽을 이루는 공매가
있다. 공매를 잘만 이용하면 복잡한 권리분석도 필요 없이 안정적인
사업권과 운영권을 손에 넣을 수 있다.

　다음 페이지의 사진은 공매로 나온, 경기도 성남시 수정구의 행정
복지센터 부설주차장이다. 낙찰자는 이 주차장의 운영권을 임대 받
을 수 있다. 경매에는 없고 공매에만 존재하는 것이 바로 '임대' 파트
이다. 관공서에서는 보유한 물건을 매각하기도 하지만, 일반에서 운

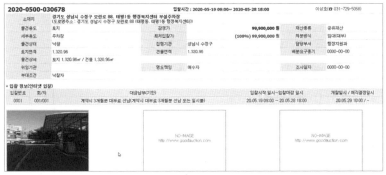

2020-0500-030678		입찰시간 : 2020-05-19 09:00~ 2020-05-28 18:00				이상호(☎ 031-729-5058)
소재지	경기도 성남시 수정구 모란로 88, 태평1동 행정복지센터 부설주차장 (도로명주소 : 경기도 성남시 수정구 모란로 88 (태평동, 태평1동 행정복지센터))					
물건용도	토지	감정가		99,900,000 원	재산종류	공유재산
세부용도	토지	최저입찰가		(100%) 99,900,000 원	처분방식	임대(대부)
물건상태	낙찰	집행기관	성남시 수정구		담당부서	행정지원과
토지면적	1,320.96	건물면적	1,320.96		배분요구종기	0000-00-00
물건상세	토지 1,320.96㎡ / 건물 1,320.96㎡					
위임기관		명도책임	매수자		조사일자	0000-00-00
부대조건	낙찰자					

● 입찰 정보(인터넷 입찰)

입찰번호	회/차	대금납부(기한)	입찰시작 일시~입찰마감 일시	개찰일시 / 매각결정일시
0001	001/001	계약시 3개월분 대부료 선납(계약시 대부료 3개월분 선납 또는 일시불)	20.05.19 09:00 ~ 20.05.28 18:00	20.05.29 10:00 / -

NO-IMAGE
http://www.goodauction.com

NO-IMAGE
http://www.goodauction.com

공매로 올라온 성남시 수정구 행정복지센터 부설주차장 임대 물건

영하는 것이 낫다고 판단해 일정 기간 임대를 하기도 한다. 이런 사업을 공매를 통해 추진하는 것이다.

이 주차장은 지상과 지하까지 포함하고 있으며 전체 60면을 보유하고 있다. 무엇보다 큰 장점은 관공서 주차장이기 때문에 손 들 일이 별로 없고, 이용객들도 많다는 점이다. 주민센터뿐 아니라 문화시설까지 겸비하고 있어서 주차장은 주민들과 민원인들로 늘 붐빈다.

나도 이 물건에 입찰을 준비하면서 다양한 방법으로 시세 조사를 해보았다. 일단 주차장에 빼곡히 주차된 차량 중 하나를 골라서 기재된 전화번호로 연락을 했다.

이런저런 질문을 해보니 그 차주는 월 정기주차를 하고 있으며, 정기주차권은 주

해당 주차장의 출입구 모습

간과 야간으로 나뉜다고 했다. 60면의 주차장에서 밤낮으로 정기적인 이용 요금이 나온다는 이야기다.

"정기주차는 신청하면 바로 되나요?"라고 물어보니 "아이고, 저도 한두 달 기다렸어요." 하는 답이 돌아온다.

근처 동네를 돌아보니 이 주차장이 장사가 잘될 수밖에 없는 이유를 알 것 같았다. 주변 동네가 낙후되어 좁은 골목골목마다 주차난이 심했다. 이면도로에도 임시로 주차를 해놓은 차들 때문에 통행에 방해가 될 정도였다. 이 정도면 주차장 사업은 말 그대로 '차려놓은 밥상'이라고 보아도 무방하다.

성남시 수정구 공고 제2020-   호

태평1동 행정복지센터 부설주차장 사용·수익허가 [전자입찰 공고]

입찰에 참가한 분은 입찰공고문, 주차장현황 및 운영여건, 주변상황, 관련 법령, 조례, 규칙, 협약서안 등 모든 사항에 대하여 **확인 및 숙지**하시고,

특히 주차면수, 주차요금, 유료운영시간, **유료운영요일**, 주차요금 면제 및 감경기준을 자세히 살펴 응찰해 주시기 바랍니다.

1. 입찰에 부치는 사항
   가. 입찰대상 주차장 및 예정가격

주차장명(위치)	면적(㎡)	주차면수	급지	사용·수익허가 기간(3년)	최저 예정가격 (원/3년)
태평1동 행정복지센터 부설주차장 (수정구 모란로88)	1,320.96	60	노외 1급지	2020.06.20. ~ 2023.06.19.	99,900,000

※ 최저예정가격은 부가가치세를 포함한 가격입니다.

   나. 입찰 및 개찰 내역
   ○ 입찰건명 : 태평1동 행정복지센터 부설주차장 사용·수익허가

입찰서 제출처	입찰서 제출 및 보증금 납부일시	입찰집행 (개찰)일시	개찰장소
온 비 드 (http//www.onbid.co.kr)	2020.05.19. 09:00 ~ 2020.05.28. 18:00	2020.05.29. 10:00	

온비드 정보지에 올라온 해당 물건 공고 내용

이 주차장 공매의 입찰 가격은 9,990만원에 시작되었다. 워낙 매력적인 물건이다 보니 유찰이 되지 않고 1억 3,149만 9,000원에 바로 낙찰되었다.

아쉽게도 나는 '이 지역에서 3년 이상 거주한 개인이나, 3년 이상 주소지를 둔 법인이어야 한다'는 조건을 충족하지 못해, 입찰을 시도하지 못했다.

공고문에 따르면, 낙찰자는 2020년 6월부터 2023년 6월까지 3년 동안 주차장을 운영할 수 있는 사업권을 가지게 된다. 그런데 낙찰 받은 1억 3,000여 만 원의 금액은 한꺼번에 내지 않고 매월 월 단위로 나누어 내도 된다(단, 은행 수준의 이자는 부담해야 한다). 계산해보면 매월 358만 원가량의 월세를 내는 셈이다.

보통 건물에 세를 얻어 장사를 할 경우, 매월 임대료를 내는 것뿐 아니라 상당한 액수의 보증금도 감당해야 한다. 그런데 보증금이나 어떤 투자금도 없이 매월 월세만 내도 된다면 부담이 한결 덜하다.

게다가 이 주차장은 매월 800만 원 가까운 수익이 예상된다. 내가 버는 수입에서 월세를 떼고 나머지를 가진다고 생각하면 이만큼 '쉬운 장사'도 없지 싶다.

배고픈 학생들 숫자만큼 수익이 생긴다, 고등학교 자판기 사업

40대의 한 남성이 우리를 찾아왔다. 오래전 사업에 실패한 이후 재기

하지 못하고 20년 정도를 월세로만 전전하며 힘들게 생활하고 있다고 했다. 그 와중에 아이들은 성장하고 생활비는 점점 더 늘어가고 있었다. 힘들게 모은 1,000만 원 정도의 투자금으로 부동산 경매에 도전해보고 싶다고 했다.

내가 이분에게 건넨 조언은 다음과 같았다.

"부동산 투자라는 것은 수익을 기대하기까지 최소한의 시간이 걸려요. 낙찰을 한 건 받았다고 해봅시다. 대출을 받았으니까 초기 투자금이 묶여요. 그럼 자금을 다시 열심히 모으는 데 시간이 상당히 소요되겠죠. 자금이 막히지 않고 원활히 흘러서 바로바로 투자를 지속하려면 어느 정도까지는 사이클을 만들어놓아야 해요. 그렇게 임계점에 도달하기까지는 매월 일정한 수입원이 반드시 필요합니다. 불규칙한 수입원은 도움이 되지 않아요."

그래서 고민한 방법이, 공매를 통해 임대 사업을 하는 것이었다. 이 회원에게는 부동산 경매보다도 일단 소액으로 투자할 수 있는 공매 사업이 적당하다는 판단이 들었다.

다음은 함께 알아본 아이템들 중 하나인 자판기 사업이다. 소액으로도 부담 없이 시도할 수 있는 흥미로운 사업이기에 소개해본다.

울산 북구의 달천고등학교에서 보유한 식음료 자판기의 임대사업 물건으로, 학교에서 오랜 시간 공부하느라 수시로 간식이 고픈 고등학생들을 대상으로 하는 사업이다. 요즘에는 매점이 없는 학교들도 많은데 입찰 공고 내역을 보면 스낵과 라면, 음료수, 아이스크림 등

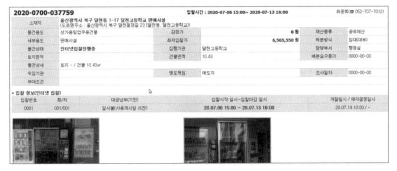

공매로 올라온 식음료 자판기 임대사업 건

달천고등학교 공유재산(자동판매기) 사용·수익허가 전자입찰 공고

1. 입찰에 부치는 사항

가. 건명: 달천고등학교 자동판매기 사용·수익허가 전자입찰 공고

나. 사용허가 재산내역

소재지	설치장소	자판기 사용허가 면적(㎡)	자판기 설치대수	비 고
울산광역시 북구 달천철장길 23 (달천동)	관리동 1층 3층 4층	10.43㎡ (전용면적 8.02 공용면적 2.41) 1층 야외 3대 3층 복도 3대 4층 복도 3대	■ 9대 ○1층 야외(3대): 종합,스넥,아이스크림류 ○3층 복도(3대): 음료, 스넥 2대 ○4층 복도(3대) 스넥2대, 음료	○학급수 : 30학급(1) (특수학급 1학급) ○학생수: 769명 ○교직원수: 81명

다. 계약기간: 2020년 7월 20일부터 2021년 3월 31일까지(255일)

온비드에 올라온 자판기 사용·수익허가 전자입찰 공고

종류도 다양한 자판기를 무려 아홉 대나 운영하는 것으로 보아 이 학교도 아마 그런 경우가 아닐까 싶다.

1층 급식소 앞, 3층과 4층의 구름다리 복도에 자판기가 놓여 있으며 학생 수가 769명, 교직원이 81명이라고 기재되어 있다. 자판기의 상태가 깨끗하고 간식 종류가 다채로워서 아마 학생 손님들이 쉴 새 없이 찾을 듯하다.

공매로 나온 자판기 사진

공고에 따르면 낙찰자는 자판기 운영권을 255일 동안 임대하게 된다. 공매 시작 가격은 650만 원 정도로 크게 부담스럽지 않은 수준이다. 자판기 운영은 손이 크게 가지 않는 일이어서, 가정에서도 부업 삼아 충분히 관리할 수 있다. 낙찰되면 바로 운영을 시작해 수익을 거둘 수 있으며, 무엇보다 수요가 확실히 형성되어 있는 안전한 사업이라는 점에서 추천할 만하다.

임대료와 로열티, 인테리어 비용을 비싸게 주고 본사만 이득을 보는 힘든 장사보다 진입장벽이 월등히 낮다. 시중의 사업들은 혹시라도 사업이 안 풀리면 막대한 초기 자금을 회수하지도 못하고 큰 상처를 입게 되는데, 이런 소자본 임대사업의 경우는 그럴 염려가 없다.

물론 모든 사업의 전제는 정확한 시세 조사다. 소액이라 해서 덥석 낙찰 받을 것이 아니라 현장을 돌면서 구체적으로 조사를 해보고, 예상되는 수익이 적절하다고 판단되면 도전해보자. 현재 고정적인 수입이 없는 분들이라면 이런 방법으로 기본적인 수입원의 창구를 만들어놓은 뒤에 부동산 투자를 병행하라고 조언하고 싶다.

현재 부동산 규제가 아무리 심할지라도 소액으로라도 시도할 수 있는 투자 기회는 얼마든 있다. 큰 욕심을 부리지 말고 내가 지금 당장 할 수 있는 것들을 차곡차곡 해나갈 때 투자자로서 역량이 성장할 것이며, 이 분야에 대해 그만큼 깊어지고 넓어진다. 규제가 완화되는 시점이 올 때면 그동안 쌓였던 노하우가 빛을 발할 것이다.

경매와 공매,
이렇게 다르다

공매의 매력을 알고 나면
투자의 범위가 넓어진다

24시간 온라인으로 입찰 가능하다

부동산 경매는 관할 법원에서 진행하지만 공매는 온비드(www.onbid.go.kr) 홈페이지에 물건을 게재함으로써 매각을 진행한다. 공매란 쉽게 말해 공적인 기관이 매각하는 절차로서, 공매 재산 종류에 따라 압류재산, 국유재산, 수탁재산, 유입자산, 공유재산 등으로 구분된다.

공매의 경우 해당 기관이 한국자산관리공사(Kamco)에 매각을 의뢰하면, 한국자산관리공사는 온비드 홈페이지를 통해 온라인으로 매각을 진행한다. 참고로 경매는 민사집행법에 따라, 그리고 공매는 국세징수법에 따라 매각 절차가 진행된다.

- 압류재산 : 세금을 체납한 체납자의 재산을 세무서가 압류해 한국자산관리공사에 매각을 의뢰한 재산
- 국유재산 : 더 이상 필요하지 않은 국가 소유 재산의 매각을 위해 한국자산관리공사에 위임한 재산
- 수탁재산 : 금융기관 및 기업체가 소유한 비업무용 자산에 대해 한국자산관리공사에 매각을 위임한 재산
- 유입자산 : 한국자산관리공사가 법원 경매를 통해 취득하거나 기업체로부터 취득한 자산을 매각하는 것
- 공유재산 : 지방공공단체가 소유하는 재산을 매각하는 것

온비드 홈페이지

부동산 경매는 매각 기일에 본인 또는 대리인이 관할 법원에 가야 입찰할 수 있지만, 공매는 온비드 사이트를 통해서 입찰한다. 예를 들어 서울에 사는 사람이 제주의 경매 물건에 입찰하려면 매각 당일 입찰 시간 내에 해당 제주법원에 가서 입찰 봉투를 제출해야 하지만, 공매 물건이라면 집에서 온라인으로 입찰하면 된다. 컴퓨터가 있는 곳이라면 어디서든 가능한 셈이다. 이렇듯 해당 장소까지 가는 번거로움이 없다는 점이 공매의 큰 장점이다

압류재산 공매의 경우 보통 매각 기간이 월요일 오전 10시부터 수요일 오후 5시까지이다. 이 기간 내에는 낮이나 밤이나 상관없이 언제든 입찰이 가능하다. 온라인상에서 입찰 금액을 적어 제출하는 방식으로 입찰을 진행하며 입찰 보증금(최저매각가격의 10퍼센트)은 해당 계좌로 송금한다.

압류재산 공매는 수요일 오후 5시에 입찰을 마감하면 다음날 목요일 오전 11시에 개찰이 시작되는데, 입찰 결과는 해당 온비드 사이트에서 확인할 수 있다. 낙찰되면 보증금은 반환되지 않으며, 패찰이 되면 지정된 반환계좌로 보증금이 반환된다. 다만, 낙찰을 받더라도 차주 월요일 오전 10시에 도착하는 매각결정통지서를 수령해야 매각 결정이 확정된다(이는 온비드 홈페이지에서 확인할 수 있다).

실제 낙찰을 받더라도 매각결정통지서를 수령하기 전까지는 채무자의 채무 변제, 공유자 우선 매수 등으로 해당 낙찰이 취소되는 경우도 있다. 다만 낙찰자가 매각결정통지서를 수령한 후에 채무 변제가 된 경우라면 이때는 낙찰자의 동의를 받아야만 낙찰을 취소할 수 있

■ 입찰금액 및 보증금 납부 방식 선택		
입찰방법	☑ 본인입찰　□ 대리입찰(서류제출방식)　□ 공동입찰 ○ 전자서명방식　○ 서류제출방식	
최저입찰가	279,000,000원	
입찰금액	295,360,000 원 (금 이억구천오백삼십육만원) • 입력하신 금액은 최저입찰가의 105.86%입니다.	🖩 보증금계산
보증금	• 보증금액은 '최저입찰가X입찰보증금율(최저입찰금액의 10%)' 로 계산됩니다. 27,900,000 원 (금 이천칠백구십만원)	🖩 납부총액확인
납부총액	**27,900,000원** (금 이천칠백구십만원) • 입찰을 위해 납부하실 보증금총액입니다	
보증금 납부방식	● 현금　○ 전자보증서　선택	
보증금 납부계좌 은행선택 ❓	🔵신한은행　BNK부산은행　🔵우리은행　ᚼ하나은행	
환불계좌 ❓	선택 🖩 환불계좌추가	
잔대금 납부계좌 은행선택 ❓	🔵신한은행　ᚼ하나은행	
매각결정통지서/ 잔대금영수증 수령방법 ❓	● 전자송달(온비드 직접 교부)　○ 현장수령	

공매 입찰서 작성 예시

다. 당연히 낙찰자 입장에서는 쉽게 동의해주지 않을 것이므로 통상 소정의 금원을 받고 협의하에 동의서에 도장을 찍어주기도 한다.

진행 절차가 빠르다

경매와 공매는 모두 공개적으로 매각하는 방식이라는 점에서 유사하지만, 공매는 경매와 다른 몇 가지 특징이 있다.

1. 진행속도가 빠르다

경매 신청부터 매각까지 최소 6개월 이상 소요되는 경매에 비해 공매는 진행 절차가 빠르다. 한 예로 압류재산 공매를 들어보자. 보통 세금이 체납되면 관계부서(국세청, 세무서, 건강보험공단 등)는 채무자의 재산을 조회해 압류한다. 그 후 한국자산관리공사에 공매를 의뢰하면 한국자산관리공사는 온비드 홈페이지를 통해 매각을 진행한다. 공매 신청부터 첫 매각 기일까지 3개월 내의 시간이 소요되며 이후 유찰되면 일주일마다 10퍼센트씩 저감된 가격으로 진행된다.

경매는 유찰되면 다음 매각 기일까지 통상 1개월 정도 소요되지만 공매는 유찰되면 일주일에 10퍼센트씩 저감된 가격으로 매주 진행하므로 경매보다 매각 속도가 훨씬 빠르다.

2. 50퍼센트까지 유찰되면 다시 100퍼센트로 환원되기도 한다

공매는 국세징수법에 따라 매각 예정 가격의 50퍼센트까지만 저감되는 경우가 있다. 이때까지 응찰자가 없어서 유찰이 되면 100퍼센트 가격인 최초 매각 가격으로 환원되어 다시 공매가 진행된다(다만 모든 공매 사건이 그런 것은 아니며, 담당자의 재량에 의해 달라질 수 있다).

이에 반해 경매는 저감되는 한계가 없어 낙찰이 될 때까지 진행하는 방식이다. 물론 무잉여(경매신청 채권자에게 배당할 금액이 없는 경우 법원 직권으로 경매 진행을 취소하는 것)나 기타 사유로 매각 전에 경매 사건이 기각, 취하될 가능성은 있다.

3. 3,000만 원 미만은 잔금납부일이 빠르다

공매 낙찰 대금이 3,000만 원 미만인 경우 잔금 납부 기일이 빠르다는 점을 기억해야 한다. 경매의 경우 낙찰 7일 후에 매각허가 결정기일, 또 다시 7일 후에 매각허가 확정기일을 거쳐 보통 한 달 정도 후로 잔금 납부 기일이 지정된다. 이때 낙찰 금액과 관계없이 잔금 납부 기한은 비슷하다.

하지만 압류재산 공매의 경우 낙찰대금이 3,000만 원 미만이면 7일 내(납부 최고기일이 약 10여 일 더 주어진다) 잔금 납부를 완료해야 하며, 낙찰 대금이 3,000만 원 이상이면 30일 내(납부 최고기일이 약 10여 일 더 주어진다)로 잔금을 완납해야 한다. 따라서 낙찰 금액이 3,000만 원 미만인 경우 잔금 마련 기한에 차질이 없도록 준비를 해야 한다.

공매에 관심이 있는 사람들이라면 온비드 사이트에 올라오는 공매 공고문을 유심히 살펴보아야 한다. 많은 사람들이 알지 못해 놓치는 알짜배기 사업의 기회가 도처에 널려 있다.

특히 부동산 규제가 심한 현재는 이런저런 다양한 분야에 눈을 돌릴 필요가 있다. 완벽하게 준비된 상태에서 투자를 하려 하지 말고, 일단 부딪혀보는 자세가 중요하다.

공매는 인도명령이 없다

온라인으로 원하는 시점에 간편하게 입찰할 수 있다는 장점이 있지만, 경매에 비해 공매를 부담스러워하는 사람들이 많다. 바로 '인도명령'이 없다는 점 때문이다.

낙찰자는 해당 부동산에 거주하는 소유자나 임차인 등과 명도 협상을 하게 된다. 이때 원만히 이사 협의가 되면 좋지만 상황에 따라 협상이 결렬되기도 한다.

부동산 경매 낙찰자는 잔금 납부 후 6개월 이내 법원에 인도명령을 신청할 수 있는데 인도명령이 결정되면 해당 부동산에 집행관과 노무관이 나와 강제집행을 할 수 있다. 설사 강제집행을 실제로 이행하지 않더라도 그 직전 단계에서 강제집행 계고장을 보는 순간 협상이 수월하게 이뤄지는 경우가 많다. 따라서 낙찰자에게 보험이나 다름 없는 게 바로 인도명령 제도다.

하지만 공매는 인도명령 제도가 없다. 협상이 결렬되면 낙찰자는 명도소송을 해야 하며, 승소 판결을 받아 이 집행권원으로 법원에 강제집행을 신청할 수 있다. 간단한 인도명령에 비해 명도소송은 시간도 많이 소요되고 소송 비용의 부담도 있어 초보자는 공매 입찰을 꺼릴 수 있다.

하지만 어찌 보면 이런 점이 공매의 매력일 수도 있다. 명도소송의 부담이 있기 때문에 그만큼 낮은 가격으로 입찰하게 되고, 결과적으로 경매에 비해 저렴하게 낙찰 받을 수 있는 기회도 생긴다.

또한 공매라고 매번 명도소송을 하는 건 아니다. 배당을 받는 임차인의 경우 배당액을 수령하려면 낙찰자의 명도확인서가 필요하므로 이사 협의가 수월하게 이루어진다. 채무자가 거주하는 경우에도 원활한 명도 협의를 통해 명도소송 없이 명도를 마무리 할 수 있다. 그러므로 공매를 너무 어렵게만 생각하지 않았으면 한다.

PLUS TIP

대금 납부 기한을 넘겼을 경우

부동산 경매는 대금 납부 기한까지 대금을 납부하지 못하는 경우 입찰보증금이 몰수되며 해당 경매 물건은 다시 매각이 진행된다(재매각). 이때 통상 한달 후에 매각 기일이 정해지는데, 기존 낙찰자는 재매각기일 3일 전(실무에서는 하루 전까지도 가능한 경우가 많다)까지 12퍼센트의 지연이자를 더한 잔금을 완납하고 소유권을 취득할 수 있다. 즉, 물건 자체는 이상이 없는데 예상보다 대출이 안 나오는 등의 문제로 대금 납부 기한을 넘겼더라도 다시 취득할 수 있는 길이 열려 있는 것이다.

하지만 공매는 다르다. 납부최고기한을 넘겨 입찰보증금이 몰수되면 그것으로 끝이다. 다시 재공매가 진행되더라도 경매처럼 입찰 기일 전까지 납부지연이자 및 잔금을 내고 소유권을 취득할 수 없으니 유의해야 한다.

부동산 경매에 알맞은 때란 없다, 지금이 그때다

부동산 경매, 물건이 좋다면 방법은 얼마든 찾을 수 있다

사람들은 보통 자신이 가진 돈에 맞춰 부동산 경매 물건을 본다. 예를 들어 1억 원짜리 물건이 5,000만 원에 나와도 자신이 가진 돈이 1,000만 원 밖에 없거나 대출이 잘 나오지 않는다면 대부분 그 물건을 포기한다. 하지만 이는 부동산 경매를 할 때 그리 좋은 모습은 아니다.

좋은 물건이라는 생각이 들면 우선 현장을 직접 찾아가서 파악한 후에 결정해도 늦지 않다. 물건의 가치가 훌륭하고 미래가치가 있다면 법정지상권, 유치권, 지분 등은 아무런 문제가 되지 않는다. 심지어 물건만 좋으면 돈이 없어도 구입할 수 있는 방법이 있다.

경매를 시작한 사람들 중에는 경매 물건 하나를 낙찰 받은 후 포기하는 경우도 많다. 가진 자금을 모두 써버렸기 때문이다. 이 역시 경매를 하는 좋은 자세가 아니다. 부동산 경매로 부를 얻으려면 여러 번의 경험과 과정이 반드시 필요하다. 따라서 '돈이 없으니 경매 못한다'가 아닌, '돈이 없는데 어떻게 경매할 수 있을까'를 생각해야 한다. 사실 부동산 경매로 부를 이루는 과정에는 자금보다도 긍정적이고 진취적인 마인드가 더 큰 작용을 한다.

소극적인 사람은 과거를 투영해 현재를 바라본다. '이제껏 이렇게 살아왔으니 앞으로도 이렇게 살겠지 뭐'라는 식이다. 게다가 '네 주제에 뭘 한다고……' 하는 주변의 비아냥에도 쉽게 휘둘린다. 그래서 스스로 한계를 정해버린다. '그래, 송충이는 솔잎을 먹어야지.' 하며 해보지도 않고 지레 포기한다. 하지만 성장하는 사람은 현재에서 미래를 바라본다. 과거는 과거일 뿐 현재가 중요하다고 믿으며, 어떻게 하면 더 나은 미래를 만들지 끊임없이 연구한다.

'알고 있다'와 '하고 있다'는 다르다

부동산 경매를 할 때는 지식이 많은 사람이 돈을 많이 벌까? 실제로 보면 꼭 그런 것은 아니다. '알고 있다'와 '했다' 또는 '하고 있다'는 하늘과 땅 차이다. 경매 지식이 매우 출중한 사람을 한 명 알고 있는데,

신기하게도 수익은 전무하다. 나는 이분께 묻고 싶다.

"이렇게 잘 알고 있으면서 왜 행동을 하지 않으세요?"

그 마음을 정확히 알 순 없지만, 아마도 이유는 두 가지일 것이다. 첫째로는 두렵고, 둘째로는 때를 기다릴 것이다. 그런데 문제는 그 '때'란 게 영원히 오지 않을 수 있다는 사실이다. 왜냐하면 이런 이들은 늘 현실을 부정하기 때문이다. '과거에는 이래서 안됐고, 현재는 이래서 안 되는 때'란 생각에 사로잡혀 있으니 이분 마음에 '해도 될 때'가 과연 언제 올지 싶다.

우산장수와 소금장수 아들을 둔 어머니 얘길 다들 알 것이다. 비가 오면 소금이 안 팔리니 둘째 아들 걱정을 하고, 햇볕이 좋으면 우산이 안 팔리니 첫째 아들 걱정을 헌다. 구름 낀 날씨에는 우산도 소금도 안 팔리니 더욱 걱정이다. 결국 이 어머니는 365일 좋을 날이 없다.

하지만 똑같은 일을 하는 아들을 둔 다른 어머니 생각은 다르다. 비가 오면 우산이 잘 팔리니 첫째 아들 생각에 기쁘고, 햇볕이 좋으면 소금이 잘 팔리니 둘째 아들 생각에 기쁘다. 구름 낀 날씨에는 우산도 소금도 안 팔리지만 이참에 휴식을 취할 수 있으니 다행이란 생각이다. 이 어머니는 365일이 좋은 날이다.

이렇듯 똑같은 상황임에도 누구는 웃고 누구는 운다.

부동산 경매도 마찬가지다. 경제가 안 좋다는데 집값 떨어지면 어떡하느냐, 코로나 시대에 상가 낙찰 받아도 되느냐, 토지에 투자했다 돈 묶이면 어떡하느냐 등 사람들은 끊임없이 걱정을 한다. 하지만 똑같은 시대인데 누구는 지금도 낙찰을 받아 높은 수익을 내고 있다.

결론적으로 말해, 내 맘에 드는 시기란 없다. 부동산 상승기엔 올랐다고 머뭇거리고, 하락기엔 더 떨어질까 봐 안 사고, 호황이면 거품일까 봐 고민하고, 불황이면 침체라는 이유로 몸을 사린다. 이런 마인드로는 평생 그 자리를 벗어나기 어렵다. 상황을 바꿀 수 없다면 나를 바꾸는 게 가장 쉽지 않겠는가?

그러니 열린 마음으로 '이 상황에서는 어떻게 투자하면 좋을까?'를 생각하길 바란다. 그 과정에서 고민이 있다면 언제든 도움을 주고 해결책을 마련해줄 부동산 경매 전문가들의 힘을 빌리길 당부한다.

부동산 규제가 심할수록 경매가 답이다

초판 1쇄 발행 2021년 6월 15일

지은이 이성재
펴낸이 정덕식, 김재현
펴낸곳 (주)센시오

출판등록 2009년 10월 14일 제300-2009-126호
주소 서울특별시 마포구 성암로 189, 1711호
전화 02-734-0981
팩스 02-333-0081
메일 sensio0981@gmail.com

기획·편집 백상웅, 심보경
외부편집 임성은
마케팅 허성권
경영지원 김미라
디자인 Design IF

ISBN 979-11-6657-026-1 03320

소중한 원고를 기다립니다. **sensio0981@gmail.com**